金剛般若波羅蜜經

金剛經解義

又名金剛經口訣

六祖大師法寶壇經

般若波羅蜜多心經

標點合刊本

本合刊本四本佛經的現代標點，全由編者郝明義所負責。

標點工作中，《金剛般若波羅蜜經》有參考全佛出版的版本；《六祖大師法寶壇經》有參考全佛出版及中華電子佛典的版本。

本合刊本的經文校正根據版本，分別見各經前面的說明。經文中的用字，如果在今天有理解相反的可能，如「受記」之於「授記」，則改之。否則，一律保留原來之用字。

經文校正及標點之使用，均承蒙洪啓嵩及吳繼文兩位先生諸多指教。有所疏漏之處，均爲編者之責任。

金剛般若波羅蜜經

東晉武帝時後秦沙門鳩摩羅什奉詔　譯
梁昭明太子嘉其分目

本合刊本之《金剛般若波羅蜜經》，採用鳩摩羅什譯本，並根據《大正藏》版本校正。唯少數一二處用字，如「受記」改爲「授記」，是參考《明藏》版本。

◎法會因由分第一

如是我聞：一時，佛在舍衛國，祇樹給孤獨園，與大比丘眾千二百五十人俱。爾時，世尊食時，著衣持鉢，入舍衛大城，乞食於其城中。次第乞已，還至本處。飯食訖，收衣鉢。洗足已，敷座而坐。

◎善現起請分第二

時，長老須菩提，在大眾中，即從座起，偏袒右肩，右膝著地，合掌恭敬，而白佛言：

「希有世尊！如來善護念諸菩薩，善付囑諸菩薩。

世尊！善男子、善女人，發阿耨多羅三藐三菩提心，應云何住？云何降伏其心？」

佛言：「善哉！善哉！須菩提！如汝所說：『如來善護念諸菩薩，善付囑諸菩薩。』汝今諦聽，當為汝說。善男子、善女人，發阿耨多羅三藐三菩提心，應如是住，如是降伏其心。」

「唯然，世尊！願樂欲聞。」

◎大乘正宗分第三

佛告須菩提：「諸菩薩摩訶薩，應如是降伏其心。所有一切眾生之類，若卵生，若胎生，若濕生，若化生，若有色，若無色，若有想，若無想，若非有想，若非無想，我皆令入無餘涅槃，而滅度之。如是滅度無量、無數、無邊衆生，實無衆生得滅度者。何以故？須菩提！若菩薩有我相、人相、衆生相、壽者相，即非菩薩。」

◎妙行無住分第四

「復次，須菩提！菩薩於法，應無所住行於布施。所謂不住色布施，不住聲、香、味、觸、法布施。須菩提！菩薩應如是布施，不住於相。何以故？若菩薩不住相布施，其福德不可思量。須菩提！於意云何，東方虛空可思量不？」

「不也，世尊！」

「須菩提！南西北方，四維上下虛空，可思量不？」

「不也，世尊！」

「須菩提！菩薩無住相布施，福德亦復如是不可思量。須菩提！菩薩但應如所教住。」

◎如理實見分第五

「須菩提！於意云何，可以身相見如來不？」

「不也，世尊！不可以身相得見如來。何以故？如來所說身相，即非身相。」

佛告須菩提：「凡所有相，皆是虛妄。若見諸相非相，則見如來。」

◎正信希有分第六

須菩提白佛言：「世尊！頗有衆生，得聞如是言說章句，生實信不？」

佛告須菩提：「莫作是說。如來滅後，後五百歲，有持戒修福者，於此章句，能生信心，以此為實，當知是人，不於一佛二佛三四五佛而種善根，已於無量千萬佛所，種諸善根。聞是章句，乃至一念生淨信者，須菩提！如來悉知、悉見。是諸衆生，得如是無量福德。

「何以故？是諸衆生，無復我相、人相、衆生相、壽者相，無法相，亦無非法相。何以故？是諸衆生，若心取相，則為著我、人、衆生、壽者。若取法相，即著我、人、衆生、壽者。何以故？若取非法相，即著我、人、衆生、壽者。是故不應取法，不應取非法。以是義故，如來常說：『汝等比丘，知我說法，如筏喻者。法尚應捨，何況非法！』」

◎無得無說分第七

「須菩提！於意云何，如來得阿耨多羅三藐三菩提耶？

如來有所説法耶？」

須菩提言：「如我解佛所説義，無有定法名阿耨多羅三藐三菩提，亦無有定法如來可說。何以故？如來所説法，皆不可取、不可說，非法、非非法。所以者何？一切賢聖，皆以無為法而有差別。」

◎依法出生分第八

「須菩提！於意云何，若人滿三千大千世界七寶，以用布施，是人所得福德，寧為多不？」

須菩提言：「甚多，世尊！何以故？是福德，即非福德性，是故如來説福德多。」

「若復有人，於此經中，受持乃至四句偈等，為他人說，其福勝彼。何以故？須菩提！一切諸佛及諸佛阿耨多羅三藐三菩提法，皆從此經出。須菩提！所謂佛法者，即非佛法。」

◎一相無相分第九

「須菩提！於意云何，須陀洹能作是念：『我得須陀洹果』不？」

須菩提言：「不也，世尊！何以故？須陀洹名為入流，而無所入。不入色聲香味觸法，是名須陀洹。」

「須菩提！於意云何，斯陀含能作是念：『我得斯陀含果』不？」

須菩提言：「不也，世尊！何以故？斯陀含名一往來，而實無往來，是名斯陀含。」

「須菩提！於意云何，阿那含能作是念：『我得阿那含果』不？」

須菩提言：「不也，世尊！何以故？阿那含名為不來，而實無來，是故名阿那含。」

「須菩提！於意云何，阿羅漢能作是念：『我得阿羅漢道』不？」

須菩提言：「不也，世尊！何以故？實無有法名阿羅漢。世尊！若阿羅漢作是念，我得阿羅漢道，即為著我、人、衆生、壽者。世尊！佛說我得無諍三昧，人中最為第一，是第一離欲阿羅漢。世尊！我不作是念：『我是離欲阿羅漢。』世尊！我若作是念：『我得阿羅漢道』，世尊即不說須菩提是樂阿蘭那行者。以須菩提實無所行，而名須菩提是樂阿蘭那行。」

◎莊嚴淨土分第十

佛告須菩提：「於意云何，如來昔在然燈佛所，於法有所得不？」

「不也，世尊！如來在然燈佛所，於法實無所得。」

「須菩提！於意云何，菩薩莊嚴佛土不？」

「不也，世尊！何以故？莊嚴佛土者，即非莊嚴，是名莊嚴。」

「是故，須菩提！諸菩薩摩訶薩，應如是生清淨心。不應住色生心，不應住聲、香、味、觸、法生心。應無所住而生其心。須菩提！譬如有人，身如須彌山王，於意云何，是身為大不？」

須菩提言：「甚大，世尊！何以故？佛說非身，是名大身。」

◎無為福勝分第十一

「須菩提！如恒河中所有沙數，如是沙等恒河，於意云何，是諸恒河沙，寧為多不？」

須菩提言：「甚多，世尊！但諸恒河尚多無數，何況其沙。」

「須菩提！我今實言告汝：若有善男子、善女人，以七寶滿爾所恒河沙數三千大千世界，以用布施，得福多不？」

須菩提言：「甚多，世尊！」

佛告須菩提：「若善男子、善女人，於此經中，乃至受持四句偈等，為他人說，而此福德，勝前福德。」

◎尊重正教分第十二

「復次，須菩提！隨說是經，乃至四句偈等，當知此處，一切世間天、人、阿修羅，皆應供養，如佛塔廟。何況有人盡能受持、讀誦。須菩提！當知是人，成就最上第一希有之法！若是經典所在之處，則為有佛，若尊重弟子。」

◎如法受持分第十三

爾時，須菩提白佛言：「世尊！當何名此經？我等云何奉持？」

佛告須菩提：「是經名為『金剛般若波羅蜜』。以是名字，汝當奉持。所以者何？須菩提！佛說般若波羅蜜，即非般若波羅蜜，是名般若波羅蜜。須菩提！於意云何，如來有所說法不？」

須菩提白佛言：「世尊！如來無所說。」

「須菩提！於意云何，三千大千世界所有微塵，是為多不？」

須菩提言：「甚多，世尊！」

「須菩提！諸微塵，如來說非微塵，是名微塵。如來說世界，非世界，是名世界。須菩提！於意云何，可以三十二相見如來不？」

「不也，世尊！不可以三十二相得見如來。何以故？如來說三十二相，即是非相，是名三十二相。」

「須菩提！若有善男子、善女人，以恒河沙等身命布施，若復有人於此經中，乃至受持四句偈等，為他人說，其福甚多！」

◎離相寂滅分第十四

爾時，須菩提聞說是經，深解義趣，涕淚悲泣，而白佛言：「希有世尊！佛說如是甚深經典，我從昔來所得慧眼，未曾得聞如是之經。世尊！若復有人，得聞是經，信心清淨，則生實相，當知是人，成就第一希有功德。世尊！是實相者，即是非相，是故如來說名實相。

「世尊！我今得聞如是經典，信解受持，不足為難。若當來世，後五百歲，其有衆生，得聞是經，信解受持，是人則為第一希有！何以故？此人無我相、無人相、無衆生相、無壽者相。所以者何？我相，即是非相。人相、衆生相、壽者相，即是非相。何以故？離一切諸相，則名諸佛。」

佛告須菩提：「如是！如是！若復有人，得聞是經，不驚、不怖、不畏，當知是人，甚為希有。何以故？須菩提！如來說第一波羅蜜，即非第一波羅蜜，是名第一波羅蜜。

「須菩提！忍辱波羅蜜，如來說非忍辱波羅蜜。何以故？須菩提！如我昔為歌利王割截身體。我於爾時，無我相、無人相、無衆生相、無壽者相。何以故？我於往昔節節支解時，若有我相、人相、衆生相、壽者相，應生瞋恨。須菩提！又念過去於五百世，作忍辱仙人。於爾所世，無我相、無人相、無衆生相、無壽者相。

「是故須菩提，菩薩應離一切相，發阿耨多羅三藐三菩提心。不應住色生心。不應住聲、香、味、觸、法生心。應生無所住心。若心有住，則為非住。是故佛說：『菩薩心，不應住色布施。』須菩提！菩薩為利益一切衆生，應如是布施。

「如來說一切諸相，即是非相。又說一切衆生，即非衆生。須菩提！如來是真語者、實語者、如語者、不誑語者、不異語者。須菩提！如來所得法，此法無實無虛。須菩提！若菩薩心住於法，而行布施，如人入闇，則無所見。若菩薩心不住法，而行布施，如人有目，日光明照，見種種色。

「須菩提！當來之世，若有善男子、善女人，能於此經受持、讀誦，則為如來以佛智慧，悉知是人，悉見是人，皆得成就無量無邊功德。」

◎持經功德分第十五

「須菩提！若有善男子、善女人，初日分，以恒河沙等身布施；中日分，復以恒河沙等身布施；後日分，亦以恒河沙等身布施；如是無量百千萬億劫，以身布施。若復有人聞此經典，信心不逆，其福勝彼。何況書寫、受持、讀誦、為人解說。

「須菩提！以要言之，是經有不可思議，不可稱量，無邊功德。如來為發大乘者說，為發最上乘者說。若有人能受持、讀誦、廣為人說，如來悉知是人，悉見是人，皆得成就不可量、不可稱、無有邊、不可思議功德。如是人等，則為荷擔如來阿耨多羅三藐三菩提。何以故？須菩提！若樂小法者，著我見、人見、衆生見、壽者見，則於此經，不能聽受、讀誦、為人解說。

「須菩提！在在處處，若有此經，一切世間天、人、阿修羅所應供養。當知此處，則為是塔，皆應恭敬，作禮圍繞，以諸華香而散其處。」

◎能淨業障分第十六

「復次，須菩提！善男子、善女人，受持、讀誦此經，若為人輕賤，是人先世罪業，應墮惡道，以今世人輕賤故，先世罪業則為消滅，當得阿耨多羅三藐三菩提。

「須菩提！我念過去無量阿僧祇劫，於然燈佛前，得值八百四千萬億那由他諸佛，悉皆供養承事，無空過者。若復有人於後末世，能受持、讀誦此經，所得功德，於我所供養諸佛功德百分不及一，百千萬億分，乃至算數譬喻所不能及。

「須菩提！若善男子、善女人，於後末世，有受持、讀誦此經，所得功德我若具說者，或有人聞，心即狂亂，狐疑不信。須菩提！當知是經義不可思議，果報亦不可思議。」

◎究竟無我分第十七

爾時，須菩提白佛言：「世尊！善男子、善女人，發阿耨多羅三藐三菩提心，云何應住？云何降伏其心？」佛告須菩提：「善男子、善女人，發阿耨多羅三藐三菩提心者，當生如是心：『我應滅度一切眾生。滅度一切眾生已，而無有一眾生實滅度者。』何以故？須菩提！若菩薩有我相、人相、眾生相、壽者相，則非菩薩。所以者何？須菩提！實無有法發阿耨多羅三藐三菩提心者。

「須菩提！於意云何，如來於然燈佛所，有法得阿耨多羅三藐三菩提不？」

「不也，世尊！如我解佛所說義，佛於然燈佛所，無有法得阿耨多羅三藐三菩提。」

佛言：「如是！如是！須菩提！實無有法如來得阿耨多羅三藐三菩提。須菩提！若有法如來得阿耨多羅三藐三菩提者，然燈佛即不與我授記：『汝於來世，當得作佛，號釋迦牟尼。』以實無有法得阿耨多羅三藐三菩提，是故然燈佛與我授記，作是言：『汝於來世，當得作佛，號釋迦牟尼。』何以故？如來者，即諸法如義。

「若有人言：『如來得阿耨多羅三藐三菩提』，須菩提！實無有法佛得阿耨多羅三藐三菩提。須菩提！如來所得阿耨多羅三藐三菩提，於是中無實無虛。是故如來說一切法，皆是佛法。須菩提！所言一切法者，即非一切法，是故名一切法。須菩提！譬如人身長大？」須菩提言：「世尊！如來說人身長大，則為非大身，是名大身。」

「須菩提！菩薩亦如是！若作是言：『我當滅度無量眾生』，則不名菩薩。何以故？須菩提！實無有法名為菩薩。是故佛說：『一切法無我、無人、無眾生、無壽者。』須菩提！若菩薩作是言：『我當莊嚴佛土』，是不名菩薩。何以故？如來說莊嚴佛土者，即非莊嚴，是名莊嚴。須菩提！若菩薩通達無我法者，如來說名真是菩薩。」

◎一體同觀分第十八

「須菩提！於意云何，如來有肉眼不？」

「如是，世尊！如來有肉眼。」

「須菩提！於意云何，如來有天眼不？」

「如是，世尊！如來有天眼。」

「須菩提！於意云何，如來有慧眼不？」

「如是，世尊！如來有慧眼。」

「須菩提！於意云何，如來有法眼不？」

「如是，世尊！如來有法眼。」
「須菩提！於意云何，如來有佛眼不？」
「如是，世尊！如來有佛眼。」
「須菩提！於意云何，如恒河中所有沙，佛說是沙不？」
「如是，世尊！如來說是沙。」
「須菩提！於意云何，如一恒河中所有沙，有如是沙等恒河，是諸恒河所有沙數佛世界，如是寧為多不？」
「甚多，世尊！」
佛告須菩提：「爾所國土中，所有眾生，若干種心，如來悉知。何以故？如來說諸心，皆為非心，是名為心。所以者何？須菩提！過去心不可得，現在心不可得，未來心不可得。」

◎法界通化分第十九

「須菩提！於意云何，若有人滿三千大千世界七寶，以用布施，是人以是因緣，得福多不？」

「如是，世尊！此人以是因緣，得福甚多。」

「須菩提！若福德有實，如來不說得福德多。以福德無故，如來說得福德多。」

◎離色離相分第二十

「須菩提！於意云何，佛可以具足色身見不？」
「不也，世尊！如來不應以具足色身見。何以故？如來說具足色身，即非具足色身，是名具足色身。」
「須菩提！於意云何，如來可以具足諸相見不？」
「不也，世尊！如來不應以具足諸相見。何以故？如來說諸相具足，即非具足，是名諸相具足。」

◎非說所說分第二十一

「須菩提！汝勿謂如來作是念：『我當有所說法。』莫作是念。何以故？若人言如來有所說法，即為謗佛，不能解我所說故。須菩提！說法者，無法可說，是名說法。」

爾時，慧命須菩提白佛言：「世尊！頗有衆生，於未來世，聞說是法，生信心不？」

佛言：「須菩提！彼非衆生，非不衆生。何以故？須菩提！衆生衆生者，如來說非衆生，是名衆生。」

◎無法可得分第二十二

須菩提白佛言：「世尊！佛得阿耨多羅三藐三菩提，為無所得耶？」

佛言：「如是！如是！須菩提！我於阿耨多羅三藐三菩提，乃至無有少法可得，是名阿耨多羅三藐三菩提。」

◎淨心行善分第二十三

「復次，須菩提！是法平等，無有高下，是名阿耨多羅三藐三菩提。以無我、無人、無眾生、無壽者，修一切善法，則得阿耨多羅三藐三菩提。須菩提！所言善法者，如來說非善法，是名善法。」

◎福智無比分第二十四

「須菩提！若三千大千世界中，所有諸須彌山王，如是等七寶聚，有人持用布施。若人以此般若波羅蜜經，乃至四句偈等，受持、讀誦、為他人說，於前福德百分不及一，百千萬億分，乃至算數譬喻所不能及。」

◎化無所化分第二十五

「須菩提！於意云何，汝等勿謂如來作是念：『我當度眾生。』須菩提！莫作是念。何以故？實無有眾生如來度者。若有眾生如來度者，如來則有我、人、眾生、壽者。須菩提！如來說有我者，則非有我。而凡夫之人，以為有我。須菩提！凡夫者，如來說即非凡夫，是名凡夫。」

◎法身非相分第二十六

「須菩提！於意云何，可以三十二相觀如來不？」

須菩提言：「如是！如是！以三十二相觀如來。」

佛言：「須菩提！若以三十二相觀如來者，轉輪聖王，則是如來。」

須菩提白佛言：「世尊！如我解佛所說義，不應以三十二相觀如來。」

爾時世尊而說偈言：

「若以色見我，以音聲求我，
是人行邪道，不能見如來。」

◎無斷無滅分第二十七

「須菩提！汝若作是念：『如來不以具足相故，得阿耨多羅三藐三菩提。』須菩提！莫作是念：『如來不以具足相故，得阿耨多羅三藐三菩提。』須菩提！汝若作是念，發阿耨多羅三藐三菩提心者，說諸法斷滅相。莫作是念！何以故？發阿耨多羅三藐三菩提心者，於法不說斷滅相。」

◎不受不貪分第二十八

「須菩提！若菩薩以滿恒河沙等世界七寶持用布施，

若復有人，知一切法無我，得成於忍，此菩薩勝前菩薩所得功德。何以故？須菩提！以諸菩薩不受福德故。」

須菩提白佛言：「世尊！云何菩薩不受福德？」

「須菩提！菩薩所作福德，不應貪著，是故說不受福德。」

◎威儀寂靜分第二十九

「須菩提！若有人言：『如來若來、若去、若坐、若臥。』是人不解我所說義。何以故？如來者，無所從來，亦無所去，故名如來。」

◎一合相理分第三十

「須菩提！若善男子、善女人，以三千大千世界碎為微塵，於意云何，是微塵衆寧為多不？」

「甚多，世尊！何以故？若是微塵衆實有者，佛即不説是微塵衆。所以者何？佛説微塵衆，則非微塵衆，是名微塵衆。

「世尊！如來所説三千大千世界，則非世界，是名世界。何以故？若世界實有者，則是一合相。如來説一合相，則非一合相，是名一合相。」

「須菩提！一合相者，即是不可説。但凡夫之人，貪著其事。」

◎知見不生分第三十一

「須菩提！若人言：『佛說我見、人見、眾生見、壽者見。』須菩提！於意云何，是人解我所說義不？」

「不也，世尊！是人不解如來所說義。何以故？世尊說我見、人見、眾生見、壽者見，即非我見、人見、眾生見、壽者見，是名我見、人見、眾生見、壽者見。」

「須菩提！發阿耨多羅三藐三菩提心者，於一切法，應如是知、如是見、如是信解，不生法相。須菩提！所言法相者，如來說即非法相，是名法相。」

◎應化非真分第三十二

「須菩提！若有人以滿無量阿僧祇世界七寶，持用布施，若有善男子、善女人發菩提心者，持於此經，乃至四句偈等，受持、讀誦、為人演說，其福勝彼。云何為人演說？不取於相，如如不動。何以故？

一切有爲法，如夢幻泡影，
如露亦如電，應作如是觀。」

佛說是經已，長老須菩提，及諸比丘、比丘尼、優婆塞、優婆夷、一切世間天、人、阿修羅，聞佛所說，皆大歡喜，信受奉行。

金剛經解義
又名金剛經口訣

東晉武帝時後秦沙門鳩摩羅什奉詔　譯
梁昭明太子嘉其分目
唐六祖　大鑒真空普覺禪師　解義

本合刊本之《金剛經解義》（又名《金剛經口訣》），乃根據《卍續藏》及中華電子佛典版本校正。

金剛般若波羅蜜經序

夫金剛經者，無相爲宗，無住爲體，妙有爲用。自從達磨西來，爲傳此經之意，令人悟理見性。秖爲世人不見自性，是以立見性之法。世人若了見眞如本體，即不假立法。

此經讀誦者無數，稱讚者無邊。造疏及註解者，凡八百餘家。所說道理，各隨所見。見雖不同，法即無二。宿植上根者，一聞便了。若無宿慧，讀誦雖多，不悟佛意。是故解釋聖義，斷除學者疑心。若於此經，得旨無疑，不假解說，從上如來所說善法，爲除凡夫不善之心，經是聖人之語，教人聞之，超凡悟聖，永息迷心。

此一卷經，衆生性中本有。不自見者，但讀誦文字。若悟本心，始知此經不在文字。若能明了自性，方信一切諸佛，從此經出。今恐世人身外覓佛，向外求經，不發內心，不持內經，故造此訣。令諸學者，持內心經，了然自見清淨佛心，過於數量，不可思議。

後之學者，讀經有疑，見此解義，疑心釋然，更不用訣。所冀學者，同見礦中金性，以智慧火鎔鍊，礦去金存。

我釋迦本師，說金剛經，在舍衛國，因須菩提起問，佛大悲爲說。須菩提聞法得悟，請佛與法安名，令後人依而受持。故經云：「佛告須菩提：『是經名爲金剛般若波羅蜜。以是名字，汝當奉持。』」

如來所說金剛般若波羅蜜，與法爲名。其意謂何？以金剛世界之寶，其性猛利，能壞諸物。金雖至堅，羚羊角能壞。金剛喻佛性，羚羊角喻煩惱。金雖堅剛，羚羊角能碎。佛性雖堅，煩惱能亂。煩惱雖堅，般若智能破。羚羊角雖堅，鑌鐵能壞。悟此理者，了然見性。

《涅槃經》云：「見佛性者不名衆生。不見佛性是名衆生。」如來所說金剛喻者，秪爲世人性無堅固，口雖誦經，光明不生。外誦內行，光明齊等。內無堅固，定慧即亡。口誦心行，定慧均等，是名究竟。

金在山中，山不知是寶，寶亦不知是山。何以故？爲無性故。人則有性，取其寶用。得遇金師，鏨鑿山破，取礦烹錬，遂成精金，隨意使用，得免貧苦。四大身中，佛性亦爾。身喻世界，人我喻山。煩惱喻礦，佛性喻金。

智慧喻工匠，精進猛勇喻鏨鑿。身世界中有人我山，人我山中有煩惱礦。

煩惱礦中有佛性寶，佛性寶中有智慧工匠。

用智慧工匠，鑿破人我山，見煩惱礦，以覺悟火烹鍊，見自金剛佛性，了然明淨。

是故以金剛爲喻，因爲之名也。

空解不行，有名無體。解義修行，名體具備。不修即凡夫，修即同聖智。故名金剛也。

何名般若？般若是梵語，唐言智慧。

智者不起愚心，慧者有其方便。慧是智體，智是慧用。體若有慧，用智不愚。體若無慧，用愚無智。秖爲愚癡未悟，故修智慧以除之也。

何名波羅蜜？唐言到彼岸。到彼岸者，離生滅義。秖緣世人性無堅固，於一切法上有生滅相，流浪諸趣，未到眞如之地，並是此岸。

要具大智慧，於一切法圓滿，離生滅相，即是到彼岸也。

亦云心迷則此岸，心悟則彼岸。心邪則此岸，心正則彼岸。

口說心行，即自法身有波羅蜜。口說心不行，即無波羅蜜也。

何名爲經？經者，徑也，是成佛之道路。

凡人欲臻斯路，當內修般若行，以至究竟。

如或但能誦說，心不依行，自心則無經。

實見實行，自心則有經。

故此經如來號爲金剛般若波羅蜜經。

曹谿六祖大師　慧能　撰

◎法會因由分第一

如是我聞：

「如」者指義。「是」者定詞。阿難自稱如是之法，我從佛聞，明不自說也。故言「如是我聞」。

又「我」者「性」也，「性」即「我」也。內外動作，皆由於「性」，一切盡聞。故稱「我聞」也。

一時，佛在舍衛國，祇樹給孤獨園，

言「一時」者，師資會遇齊集之時。「佛」者是說法之主。「在」者欲明處所。

「舍衛國」者波斯匿王所居之國。「祇」者太子名也，「樹」是祇陀太子所施，故言「祇樹」也。「給孤獨」者，須達長者之異名也。「園」者，本屬須達，故言「給孤獨園」。

「佛」者梵音，唐言「覺」也。「覺」義有二：一者外覺，觀諸法空；二者內覺，諸心空寂，不被六塵所染。外不見人之過惡，內不被邪迷所惑，故名曰「覺」。「覺」即是「佛」也。

與大比丘眾千二百五十人俱。

言與者，佛與比丘同住金剛般若無相道場，故言與也。大比丘者，是大阿羅漢故。比丘者是梵語，唐言能破六賊，故名比丘。

眾，多也。千二百五十人者，其數也。俱者，同處平等法會。

爾時，世尊食時，著衣持鉢，入舍衛大城，乞食於其城中。

爾時者，當此之時，是今辰時，齋時欲至也。

著衣持鉢者，爲顯教示跡故也。入者爲自城外而入也。

舍衛大城者，名舍衛國豐德城也，即波斯匿王所居之城，故言舍衛大城也。

言乞食者，表如來能下心於一切眾生也。

次第乞已，還至本處。飯食訖，收衣鉢。洗足已，敷座而坐。

次第者不擇貧富，平等以化也。乞已者，如多乞不過七家。七家數滿，更不至餘家也。還至本處者，佛意制諸比丘，除請召外，不得輒向白衣舍，故云爾。

洗足者，如來示現，順同凡夫，故曰洗足。又大乘法，不獨以洗手足爲淨。蓋言洗手足，不若淨心。一念心淨，則罪垢悉除矣。

如來欲說法時，常儀敷施壇座，故言敷座而坐也。

◎善現起請分第二

時，長老須菩提，

何名長老，德尊年高，故名長老。
須菩提是梵語，唐言解空。

在大衆中，即從座起，偏袒右肩，右膝著地，
合掌恭敬，而白佛言：

隨衆所坐，故云即從座起。
弟子請益，先行五種儀：一者從坐而起；二者端整衣服；三者偏袒右肩，右膝著地；四者合掌，瞻仰尊顏，目不暫捨；五者一心恭敬，以伸問辭。

「希有世尊！

希有略說三義：第一希有，能捨金輪王位；第二希有，身長丈六，紫磨金容三十二相，八十種好，三界無比；第三希有，性能含吐八萬四千法，三身圓備。以具上三義，故云希有也。世尊者，智慧超過三界，無有能及者，德高更無有上，一切咸恭敬，故曰世尊。

如來善護念諸菩薩，善付囑諸菩薩。

護念者，如來以般若波羅蜜法，護念諸菩薩。付囑者，如來以般若波羅蜜法，付囑須菩提諸大菩薩。言善護念者，令諸學人，以般若智，護念自身心，不令妄起憎愛，染外六塵，墮生死苦海。於自心中，念念常正，不令邪起，自性如來，自善護念。

言善付囑者，前念清淨，付囑後念，後念清淨，無有間斷，究竟解脫。

如來委曲誨示眾生，及在會之眾，當常行此，故云善付囑也。

菩薩者梵語，唐言道心眾生，亦云覺有情。道心者，常行恭敬，乃至蠢動含靈，普敬愛之，無輕慢心，故名菩薩。

世尊，善男子、善女人，

善男子者，平坦心也，亦是正定心也，能成就一切功德，所往無礙也。

善女人者，是正慧心也，由正慧心，能出生一切有爲無爲功德也。

發阿耨多羅三藐三菩提心，應云何住？云何降伏其心？」

須菩提問一切發菩提心人，應云何住，云何降伏其心。須菩提見一切眾生躁擾不停，猶如隙塵，搖動之心，起如飄風。念念相續，無有間歇。問欲修行，如何降伏。

佛言：「善哉！善哉！須菩提，如汝所說：『如來善護念諸菩薩，善付囑諸菩薩。』

是佛讚嘆須菩提，善得我心，善得我意也。

汝今諦聽，當為汝說。

佛欲說法，常先戒敕，令諸聽者，一心靜默，吾當爲說。

善男子、善女人，發阿耨多羅三藐三菩提心，應如是住，如是降伏其心。」

阿之言無。耨多羅之言上。三之言正。藐之言遍。菩提之言知。無者，無諸垢染。上者，三界無能比。正者，正見也。偏者，一切智也。知者，知一切有情皆有佛性，但能修行，盡得成佛。佛者，即是無上清淨般若波羅蜜也。是以一切善男子善女人，若欲修行，應知無上菩提道，應知無上清淨般若波羅蜜多法，以此降伏其心也。

「唯然，世尊！願樂欲聞。」

唯然者，應諾之辭。願樂者，願佛廣說，令中下根機，盡得開悟。樂者，樂聞深法。欲聞者，渴仰慈誨也。

◎大乘正宗分第三

佛告須菩提：「諸菩薩摩訶薩，應如是降伏其心。

前念清淨，後念清淨，名爲菩薩。念念不退，雖在塵勞，心常清淨，名摩訶薩。又慈悲喜捨，種種方便，化導眾生，名爲菩薩。能化所化，心無取著，是名摩訶薩。恭敬一切眾生，即是降伏自心處。

眞者不變，如者不異，遇諸境界，心無變異，名曰眞如。亦云外不假曰眞，內不亂曰如。念念無差，即是降伏其心也。

所有一切眾生之類，若卵生，若胎生，若濕生，若化生，若有色，若無色，若有想，若無想，若非有想，若非無想，我皆令入無餘涅槃，卵生者，迷性也。胎生者，習性也。濕生者，隨邪性也。化生者，見趣性也。

迷，故造諸業。習，故常流轉。隨邪，心不定。見趣，多偏墜。

起心修心，妄見是非，內不契無相之理，名爲有色。

內心守直，不行恭敬供養，但言直心是佛，不修福慧，名爲無色。

不了中道，眼見耳聞，心想思惟，愛著法相，口說佛行，心不依行，名爲有想。

迷人坐禪，一向除妄，不學慈悲喜捨智慧方便，猶如木石，無有作用，名爲無想。

不著二法想，故名若非有想。求理心在，故名若非無想。

煩惱萬差，皆是垢心。身形無數，總名衆生。如來大悲普化，皆令得入無餘涅槃。

而滅度之。

如來指示，三界九地眾生，各有涅槃妙心，令自悟入無餘。無餘者，無習氣煩惱也。涅槃者，圓滿清淨義。滅盡一切習氣，令永不生，方契此也。度者，渡生死大海也。佛心平等，普願與一切眾生，同入圓滿清淨無餘涅槃，同渡生死大海，同諸佛所證也。有人雖悟雖修，作有所得心者，卻生我相，名爲法我。除盡法我，方名滅度也。

如是滅度無量、無數、無邊衆生，實無衆生得滅度者。

如是者，指前法也。滅度者，大解脱也。大解脱者，煩惱及習氣，一切諸業障滅盡更無有餘，是名大解脱。無量無數無邊衆生，元各自有一切煩惱貪嗔惡業，若不斷除，終不得解脱，故言如是滅度無量無數無邊衆生。一切迷人，悟得自性，始知佛不見自相，不有自智，何曾度衆生？祇爲凡夫不見自本心，不識佛意，執著諸相，不達無爲之理，我人不除，是名衆生。若離此病，實無衆生得滅度者。故言妄心無處即菩提，生死涅槃本平等。何滅度之有？

何以故？須菩提！若菩薩有我相、人相、衆生相、壽者相，即非菩薩。」

眾生佛性本無有異，緣有四相，不入無餘涅槃。有四相即是眾生，無四相即是佛。迷，即佛是眾生。悟，即眾生是佛。

迷人恃有財寶學問族姓，輕慢一切人，名我相。

雖行仁義禮智信，而意高自負，不行普敬，言我解行仁義禮智信，不合敬爾，名人相。

好事皈己，惡事施於人，名眾生相。

對境取捨分別，名壽者相。是謂凡夫四相。

修行人亦有四相。心有能所，輕慢眾生，名我相。

自恃持戒，輕破戒者，名人相。

厭三塗苦，願生諸天，是眾生相。

心愛長年，而勤修福業，諸執不忘，是壽者相。

有四相即是眾生，無四相即是佛。

◎妙行無住分第四

「復次，須菩提！菩薩於法，應無所住行於布施。所謂不住色布施，不住聲、香、味、觸、法布施。

凡夫布施，祇求身相端嚴，五欲快樂，故報盡卻墮三塗。世尊大慈，教行無相布施者，不求身相端嚴、五欲快樂，但令內破慳心，外利益一切眾生。如是相應，名不住色布施。

須菩提！菩薩應如是布施，不住於相。

應如無相心布施者，爲無能施之心。
不見有施之物，不分別受施之人，是名不住相布施也。

何以故？若菩薩不住相布施，其福德不可思量。

菩薩行施，心無所希求，其所獲福德，如十方虛空，不可較量。
言復次者，連前起後之辭。
一說布者普也，施者散也，能普散盡心中妄念習氣煩惱。四相泯絕，無所蘊積，是眞布施。
又說布施者，由不住六塵境界，又不有漏分別，惟當返皈清淨，了萬法空寂。若不了此意，惟增諸業。故須內除貪愛，外行布施。內外相應，獲福無量。見人作惡，不見其過，自性不生分別，是名離相。依教修行，心無能所，即是善法。修行人心有能所，不名善法。能所心不滅，終未得解脫。念念常行般若智，其福無量無邊。依如是修行，感得一切天人恭敬供養，是名爲福德。常行不住相布施，普敬一切含生，其功德無有邊際，不可稱計。

須菩提！於意云何，東方虛空可思量不？」

「不也，世尊！」

緣不住相布施，所得功德，不可稱量。佛以東方虛空爲譬喻，故問須菩提，東方虛空可思量不。

「不也，世尊」者，須菩提言，東方虛空不可思量也。

「須菩提！南西北方，四維上下虛空，可思量不？」

「不也，世尊！」

「須菩提！菩薩無住相布施，福德亦復如是不可思量。」

佛言虛空無有邊際，不可度量。菩薩無住相布施，所得功德亦如虛空，不可度量，無邊際也。世界中，大者莫過虛空。一切性中，大者莫過佛性。何以故？凡有形相者，不得名爲大。虛空無形相，故得名爲大。一切諸性，皆有限量，不得名爲大。佛性無有限量，故名爲大。

此虛空中本無東西南北，若見東西南北，亦是住相，不得解脫。

佛性本無我人眾生壽者，若有此四相可見，即是眾生性，不名佛性。亦所謂住相布施也。

雖於妄心中說有東西南北，在理則何有？所謂東西不眞，南北曷異，自性本來空寂混融，無所分別。故如來深讚不生分別也。

須菩提！菩薩但應如所教住。」

應者，唯也。但唯如上所說之教，住無相布施，即是菩薩也。

◎如理實見分第五

「須菩提！於意云何，可以身相見如來不？」

「不也，世尊！不可以身相得見如來。」

色身即有相，法身即無相。色身者，四大和合，父母所生，肉眼所見。

法身者，無有形段，非有青黃赤白，無一切相貌，非肉眼能見，慧眼乃能見之。

凡夫但見色身如來，不見法身如來。法身量等虛空，是故佛問須菩提，可以身相見如來不。

須菩提知凡夫但見色身如來，不見法身如來，故言：「不也，世尊！不可以身相得見如來。」

何以故？如來所說身相，即非身相。」

色身是相，法身是性。一切善惡，盡由法身，不由色身。法身若作惡，色身不生善處。法身作善，色身不墮惡處。凡夫唯見色身，不見法身，不能行無住相布施，不能於一切處行平等行，不能普敬一切眾生。見法身者，即能行無住相布施，即能普敬一切眾生，即能修般若波羅蜜行。方信一切眾生，同一眞性，本來清淨，無有垢穢，具足恒河妙用。

佛告須菩提：「凡所有相，皆是虛妄。若見諸相非相，即見如來。」

如來欲顯法身，故說一切諸相皆是虛妄。若見一切諸相虛妄不實，即見如來無相之理也。

◎正信希有分第六

須菩提白佛言：「世尊！頗有眾生，得聞如是言說章句，生實信不？」

須菩提問，此法甚深，難信難解。末世凡夫智慧微劣，云何信入？佛答在次下。

佛告須菩提：「莫作是說。如來滅後，後五百歲，有持戒修福者，於此章句，能生信心，以此為實，當知是人，不於一佛二佛三四五佛而種善根，已於無量千

萬佛所，種諸善根。聞是章句，乃至一念生淨信者，

於我滅後，後五百歲，若復有人，能持大乘無相戒，不妄取諸相，不造生死業，一切時中，心常空寂，不被諸相所縛，即是無所住心，於如來深法，心能信入。

此人所謂言說，眞實可信。何以故？此人不於一劫二劫三四五劫而種善根，已於無量千萬億劫，種諸善根。是故如來說：「我滅後，後五百歲，有能離相修行者，當知是人，不於一二三四五佛，種諸善根。」

何名種諸善根？略述次下。

所謂於諸佛所，一心供養，隨順教法。於諸菩薩善知識師僧父母，耆年宿德尊長之處，常行恭敬供養，承順教命，不違其意。是名種諸善根。

於一切貧苦眾生，起慈愍心，不生輕厭，有所須求，隨力惠施。是名種諸善根。
於一切惡類，自行和柔忍辱，歡喜逢迎，不逆其意，令彼發歡喜心，息剛戾心。是名種諸善根。
於六道眾生，不加殺害，不欺不賤，不毀不辱，不騎不箠，不食其肉，常行饒益。是名種諸善根。
信心者，信般若波羅蜜能除一切煩惱；信般若波羅蜜能成就一切出此功德；信般若波羅蜜能出生一切諸佛；信自身中佛性本來清淨，無有染污，與諸佛性平等無二；信六道眾生本來無相；信一切眾生盡能成佛。是名清淨信心也。

須菩提！如來悉知、悉見。是諸眾生，得如是無量福德。

何以故？是諸衆生，無復我相、人相、衆生相、壽者相，無法相，亦無非法相。

若有人於如來滅後，發般若波羅蜜心，行般若波羅蜜行，修習悟解，得佛深意者，諸佛無不知之。

若有人聞上乘法，一心受持，即能行般若波羅蜜無相無著之行，了無我、人、眾生、壽者四相。

無我者，無色受想行識也。

無人者，了四大不實，終歸地水火風也。

無眾生者，無生滅心也。

無壽者，我身本無，寧有壽者。四相既亡，即法眼明徹，不著有無，遠離二邊。

自心如來，自悟自覺，永離塵勞妄念，自然得福無邊。

無法相者，離名絕相，不拘文字也。亦無非法相者，不得言無般若波羅蜜法。若言無般若波羅蜜法者，即是謗法。

何以故？是諸衆生，若心取相，則為著我、人、衆生、壽者。若取法相，即著我、人、衆生、壽者。何以故？若取非法相，即著我、人、衆生、壽者。

取此三相，並著邪見，盡是迷人，不悟經意。故修行人不得愛著如來三十二相，不得言我解般若波羅蜜法，亦不得言不行般若波羅蜜行，而得成佛。

是故不應取法，不應取非法。以是義故，如來常說：『汝等比丘，知我說法，如筏喻者。法尚應捨，何況非法！』

法者，是般若波羅蜜法。非法者，生天等法。般若波羅蜜法，能令一切眾生過生死大海。既得過已，尚不應住，何況生天等法，而得樂著。

◎無得無說分第七

「須菩提！於意云何，如來得阿耨多羅三藐三菩提耶？如來有所說法耶？」

須菩提言：「如我解佛所說義，無有定法名阿耨多羅三藐三菩提，亦無有定法如來可說。

阿耨多羅，非從外得，但心無我所即是也。秖緣對病設藥，隨宜爲說，何有定法乎？如來說無上正法，心本無得，亦不言不得。但爲衆生所見不同，如來應彼根性，種種方便，開誘化導，俾其離諸執著。指示一切衆生，妄心生滅不停，逐境界動，前念暫起，後念應覺，覺既不住，見亦不存。若爾，豈有定法爲如來可說也？

阿者，心無妄念。

耨多羅者，心無驕慢。

三者，心常在正定。

藐者，心常在正慧。

三菩提者，心常空寂。一念凡心頓除，即見佛性。

何以故？如來所說法，皆不可取、不可說，非法、非非法。

恐人執著如來所說文字章句，不悟無相之理，妄生知解，故言不可取。

如來爲化種種眾生，應機隨量，所有言說，亦何有定乎？學人不解如來深意，但誦如來所說教法，不了本心，不了本心，終不成佛。故言不可說也。口誦心不行，即非法。口誦心行，了無所得，即非非法。

所以者何？一切賢聖，皆以無為法而有差別。」

三乘根性，所解不同。見有深淺，故言差別。

佛說無爲法者，即是無住。無住即是無相。無相即無起。無起即無滅。蕩然空寂，照用齊收，鑒覺無礙，乃眞是解脱佛性。佛即是覺。覺即是觀照。觀照即是智慧。智慧即是般若波羅蜜多。

又本云聖賢說法，具一切智。萬法在性，隨問差別，令人心開，各自見性。

◎依法出生分第八

「須菩提！於意云何，若人滿三千大千世界七寶，以用布施，是人所得福德，寧為多不？」

須菩提言：「甚多，世尊！何以故？是福德，即非福德性，是故如來說福德多。」

三千大千世界七寶以用布施，得福雖多，於性上一無利益。依摩訶般若波羅蜜多修行，令自性不墮諸有，是名福德性。心有能所，即非福德性。能所心滅，是名福德性。心依佛教，行同佛行，是名福德性。不依佛教，不能踐履佛行，即非福德性。

「若復有人，於此經中，受持乃至四句等偈，為他人說，其福勝彼。

十二部教，大意盡在四句之中。何以知其然？以諸經中讚嘆，四句偈即是摩訶般若波羅蜜多。

以摩訶般若爲諸佛母，三世諸佛，皆依此經修行，方得成佛。《般若心經》云：「三世諸佛，依般若波羅蜜多，故得阿耨多羅三藐三菩提。」

從師所學曰受，解義修行曰持。自解自行是自利，爲人演說是利他。功德廣大，無有邊際。

何以故？須菩提！一切諸佛及諸佛阿耨多羅三藐三菩提法，皆從此經出。

此經者，非指此一卷之文也。要顯佛性，從體起用，妙利無窮。

般若者，即智慧也。智以方便爲功，慧以決斷爲用。即一切時中覺照心，是一切諸佛及阿耨多羅三藐三菩提法，皆從覺照生。故云此經出也。

須菩提！所謂佛法者，即非佛法。」

所說一切文字章句，如標如指。標指者，影響之義。依標取物，依指觀月，月不是指，標不是物。

但依經取法，經不是法。經文則肉眼可見，法則慧眼能見。若無慧眼者，但見其文，不見其法。若不見法，即不解佛意。不解佛意，則誦經不成佛道。

◎一相無相分第九

「須菩提！於意云何，須陀洹能作是念：『我得須陀洹果』不？」

須菩提言：「不也，世尊！

須陀洹者梵語，唐言逆流。逆生死流，不染六塵。一向修無漏業，得麤重煩惱不生，決定不受地獄畜生修羅異類之身，名須陀洹果。

若了無相法，即無得果之心。微有得果之心，即不名須陀洹。故言不也。

何以故？須陀洹名為入流，而無所入。不入色聲香味觸法，是名須陀洹。」

流者，聖流也。須陀洹，人已離麤重煩惱，故得入聖流。而無所入者，無得果之心也。須陀洹者，乃修行人初果也。

「須菩提！於意云何，斯陀含能作是念：『我得斯陀含果』不？」

須菩提言：「不也，世尊！何以故？斯陀含名一往來，而實無往來，是名斯陀含。」

斯陀含者梵語，唐言一往來。捨三界結縛，三界結盡，故名斯陀含。

斯陀含名一往來，往來從天上卻到人間生，從人間死卻生天上竟，遂出生死。

三界業盡，名斯陀含果。大乘斯陀含者，目睹諸境，心有一生一滅，無第二生滅，故名一往來。前念起妄，後念即止。前念有著，後念即離。故實無往來。

「須菩提！於意云何，阿那含能作是念：『我得阿那含果』不？」

須菩提言：「不也，世尊！何以故？阿那含名為不來，而實無來，是故名阿那含。」

阿那含梵語，唐言不還。亦名出欲。出欲者，外不見可欲之境，內無欲心可行。定不向欲界受生，故名不來，而實無來，亦名不還。以欲習永盡，決定不來受生。是故名阿那含。

「須菩提！於意云何，阿羅漢能作是念：『我得阿羅漢道』不？」

須菩提言：「不也，世尊！

諸漏已盡，無復煩惱，名阿羅漢。阿羅漢者，煩惱永盡，與物無諍。若作得果之心，即是有諍。

何以故？實無有法名阿羅漢。世尊！若阿羅漢作是念，我得阿羅漢道，即為著我、人、眾生、壽者。

阿羅漢梵語，唐言無諍。無煩惱可斷，無貪嗔可離，性無違順，心境俱空，內外常寂。若有得果之心，即同凡夫。故言不也。

世尊！佛說我得無諍三昧，人中最為第一，是第一離欲阿羅漢。世尊！我不作是念：『我是離欲阿羅漢。』

何名無諍三昧？謂阿羅漢心無生滅去來，唯有本覺常照，故名無諍三昧。

三昧梵語，此云正受，亦云正見。遠離九十五種邪見，是名正見。

然空中亦有明暗諍，性中有邪正諍。念念常正，無一念邪心，即是無諍三昧。

修此三昧，人中最爲第一，若有一念得果之心，即不名無諍三昧。

世尊！我若作是念：『我得阿羅漢道』，世尊即不說須菩提是樂阿蘭那行者。以須菩提實無所行，而名須菩提是樂阿蘭那行。」

阿蘭那是梵語，唐言無諍行。無諍，即是清淨行。清淨行者，爲除去有所得心也。若存有所得心，即是有諍。有諍即非清淨道。常得無所得心，即是無諍行也。

◎莊嚴淨土分第十

佛告須菩提：「於意云何，如來昔在然燈佛所，於法有所得不？」

「不也，世尊！如來在然燈佛所，於法實無所得。」

佛恐須菩提有得法之心，爲遣此疑，故問之。

須菩提知法無所得，而白佛言：「不也。」然燈佛是釋迦佛授記之師。故問須菩提：「我於師處有法可得不？」須菩提即謂法因師開示，而實無所得。但悟自性本來清淨，本無塵勞，寂然常照，即自成佛。當知世尊在然燈佛所，於法實無所得。如來法者，譬如日光明照，無有邊際，而不可取。

「須菩提！於意云何，菩薩莊嚴佛土不？」

「不也，世尊！何以故？莊嚴佛土者，即非莊嚴，是名莊嚴。」

清淨佛土，無相無形，何物而能莊嚴耶？唯以定慧之寶，假名莊嚴。

事理莊嚴有三：第一莊嚴世間佛土，造寺寫經布施供養是也；第二莊嚴身佛土，見一切人，普行恭敬是也；第三莊嚴心佛土，心淨即佛土淨，念念常行佛心是也。

「是故，須菩提！諸菩薩摩訶薩，應如是生清淨心。不應住色生心，不應住聲、香、味、觸、法生心。應無所住而生其心。

此修行人不應談他是非。自言我能我解，心輕未學，此非清淨心也。自性常生智慧，行平等慈下心，恭敬一切眾生，是修行人清淨心也。

若不自淨其心，愛著清淨處，心有所住，即是著法相。

見色著色，住色生心，即是迷人。見色離色，不住色生心，即是悟人。

住色生心，如雲蔽天。不住色生心，如空無雲，日月常照。住色生心，即是妄念。不住色生心，即是眞智。妄念生則暗，眞智照則明，明則煩惱不生，暗則六塵競起。

須菩提！譬如有人，身如須彌山王，於意云何，是身為大不？」

須菩提言：「甚大，世尊！何以故？佛説非身，是名大身。」

色身雖大，内心量小，不名大身。内心量大，等虛空界，方名大身。

色身縱如須彌山，不爲大也。

◎無為福勝分第十一

「須菩提！如恒河中所有沙數，如是沙等恒河，於意云何，是諸恒河沙，寧為多不？」

須菩提言：「甚多，世尊！但諸恒河尚多無數，何況其沙。」

「須菩提！我今實言告汝：若有善男子、善女人，以七寶滿爾所恒河沙數三千大千世界，以用布施，得福多不？」

須菩提言：「甚多，世尊！」

佛告須菩提：「若善男子、善女人，於此經中，乃至受持四句偈等，為他人說，而此福德，勝前福德。」

布施七寶，得三界中富貴報。講說大乘經典，令諸聞者生大智慧，成無上道，當知受持福德，勝前七寶福德。

◎尊重正教分第十二

「復次，須菩提！隨說是經，乃至四句偈等，當知此處，一切世間天、人、阿修羅，皆應供養，如佛塔廟。

所在之處，如有人即說是經者，念念常行無念，心無所得心，不作能所心說。

若能遠離諸心，常依無所得心，即此身中有如來金身舍利。故言如佛塔廟。

以無所得心說此經者，感得天龍八部，悉來聽受。心若不清淨，但為名聲利益而說是經者，死墮三塗，有何利益？心若清淨，為說是經，令諸聽者除迷妄心，悟得本來佛性，常行眞實，感得天人阿修羅等，皆來供養持經之人也。

何況有人盡能受持、讀誦。須菩提！當知是人，成就最上第一希有之法！若是經典所在之處，則為有佛，若尊重弟子。」

自心誦得此經，自心解得經義，自心體得無著無相之理，所在之處，常修佛行，念念心無有間歇，即自心是佛。故言所在之處，則爲有佛。處，則爲有佛。

◎如法受持分第十三

爾時，須菩提白佛言：「世尊！當何名此經？我等云何奉持？」

佛告須菩提：「是經名為『金剛般若波羅蜜』。以是名字，汝當奉持。所以者何？須菩提！佛說般若波羅蜜，即非般若波羅蜜，是名般若波羅蜜。

佛說般若波羅蜜，令諸學人用智慧除卻愚心生滅。生滅除盡，即到彼岸。若心有所得，即不到彼岸。心無一法可得，即是彼岸。口說心行，乃是到彼岸。

須菩提！於意云何，如來有所說法不？」

須菩提白佛言：「世尊！如來無所說。」

佛問須菩提，如來說法，心有所得不？須菩提知如來說法，心無所得，故言無所說也。

如來意者，欲令世人離有所得之心，故說般若波羅蜜法。令一切人聞之，皆發菩提心，悟無生理，成無上道也。

「須菩提！於意云何，三千大千世界所有微塵，是為多不？」

須菩提言：「甚多，世尊！」

「須菩提！諸微塵，如來說非微塵，是名微塵。如來說世界，非世界，是名世界。

如來說眾生性中妄念，如三千大千世界中所有微塵。一切眾生，被妄念微塵起滅不停，遮蔽佛性，不得解脫。若能念念眞正修般若波羅蜜無著無相之行，了妄念塵勞，即清淨法性。妄念既無，即非微塵，是名微塵。了眞即妄，了妄即眞。眞妄俱泯，無別有法。故云是名微塵。性中無塵勞，即是佛世界。心中有塵勞，即是眾生世界。了諸妄念空寂，故云非世界。證得如來法身，普見塵剎，應用無方，是名世界。

須菩提！於意云何，可以三十二相見如來不？」

「不也，世尊！不可以三十二相得見如來。何以故？如來說三十二相，即是非相，是名三十二相。」

三十二相者，是三十二清淨行。三十二清淨行者，於五根中修六波羅蜜，於意根中修無相無爲，是名三十二清淨行。常修此三十二清淨行，即得成佛。若不修三十二相清淨行，終不成佛。

但愛著如來三十二相，自不修三十二行，終不得見如來。

「須菩提！若有善男子、善女人，以恒河沙等身命布施，若復有人於此經中，乃至受持四句偈等，為他人說，其福甚多！」

世間重者，莫過於身命。菩薩爲法，於無量劫中捨施身命與一切眾生，其福雖多，亦不如受持此經四句之福。多劫捨身，不了空義。妄心不除，元是眾生。一念持經，我人頓盡。妄想既除，言下成佛。故知多劫捨身，不如持經四句之福。

◎離相寂滅分第十四

爾時，須菩提聞說是經，深解義趣，涕淚悲泣，而白佛言：「希有世尊！佛說如是甚深經典，我從昔來所得慧眼，未曾得聞如是之經。世尊！若復有人，得聞是經，信心清淨，則生實相，當知是人，成就第一希有功德。

自性不癡名慧眼，聞法自悟名法眼。須菩提是阿羅漢，於五百弟子中，解空第一，已曾勤奉多佛，豈得不聞如是深法？豈於釋迦牟尼佛所始言聞也？

然或是須菩提於往昔所得，乃聲聞慧眼，至今方悟佛意，故始得聞如是深經，悲昔未悟，故涕淚悲泣。聞經諦念，謂之清淨。從清淨體中，流出般若波羅蜜多深法，當知決定成就諸佛功德也。

世尊！是實相者，即是非相，是故如來說名實相。

雖行清淨行，若見垢淨二相，當情並是垢心，即非清淨心也。但心有所得，即非實相也。

世尊！我今得聞如是經典，信解受持，不足為難。

若當來世，後五百歲，其有衆生，得聞是經，信解受持，是人則為第一希有！何以故？此人無我相、無人相、無衆生相、無壽者相。所以者何？我相，即是非相。人相、衆生相、壽者相，即是非相。何以故？離一切諸相，則名諸佛。」

須菩提深悟佛意，蓋目見業盡垢除，慧眼明徹，信解受持，即無難也。

世尊在世說法之時，亦有無量眾生，不能信解受持，何必獨言後五百歲？

蓋佛在之日，雖有中下根不信及懷疑者，即往問佛，佛即隨宜爲說，無不契悟。佛滅度後，後五百歲，漸至末法。去聖遙遠，但存言教。人若有疑，無處咨決。愚迷抱執，不悟無生。

著相馳求，輪迴諸有。於此時中，得聞深經，清心敬信，悟無生理者，甚爲希有。故言第一希有。

於如來滅後，後五百歲，若復有人，能於般若波羅蜜甚深經典，信解受持者，即知此人無我、人、眾生、壽者之相。無此四相，是名實相，即是佛心。故曰離一切諸相，則名諸佛。

佛告須菩提：「如是！如是！

佛印可須菩提所解，善契我心，故重言如是也。

若復有人，得聞是經，不驚、不怖、不畏，當知是人，甚為希有。

聲聞久著法相，執有爲解，不了諸法本空。一切文字，皆是假立。忽聞深經，諸相不生，言下即佛，所以驚怖。唯是上根菩薩，得聞此理，歡喜受持，心無畏怖退轉。如此之流，甚爲希有。

何以故？須菩提！如來說第一波羅蜜，即非第一波羅蜜，是名第一波羅蜜。

口說心不行即非，口說心行即是。心有能所即非，心無能所即是。

須菩提！忍辱波羅蜜，如來說非忍辱波羅蜜。

見有辱境當情，即非。不見辱境當情，即是。

見有身相，當彼所害，即非。不見有身相，當彼所害，即是。

何以故？須菩提！如我昔為歌利王割截身體。我於爾時，無我相、無人相、無衆生相、無壽者相。何以故？我於往昔節節支解時，若有我相、人相、衆生相、壽者相，應生瞋恨。

如來因中，在初地時，爲忍辱仙人，被歌利王割截身體，無一念痛惱之心。若有痛惱之心，即生嗔恨。歌利王是梵語，此云無道極惡君也。

一說如來因中，曾爲國王，常行十善，利益蒼生。國人歌讚此王，故云歌利王，求無上菩提，修忍辱行。爾時天帝釋化作旃陀羅，乞王身肉。即割施，殊無嗔惱。

今有二說，於理俱通。

須菩提！又念過去於五百世，作忍辱仙人。於爾所世，無我相、無人相、無衆生相、無壽者相。

如來因中，於五百世修行忍辱波羅蜜，以得四相不生。如來自述往因者，欲令一切修行人，成就忍辱波羅蜜。行忍辱波羅蜜人既行忍辱行者，不見一切人過惡。冤親平等，無是無非。被他打罵殘害，歡喜受之，倍加恭敬。行如是行者，即能成就忍辱波羅蜜。

是故須菩提，菩薩應離一切相，發阿耨多羅三藐三菩提心。不應住色生心。不應住聲、香、味、觸、法生心。應生無所住心。

不應住色生心者，是都標也。聲香等別立其名也。於此六塵起憎愛心，由是妄心積身，無能覺照，益遠佛行。雖種種勤苦修行，不除心垢，終無解脫之理。推其根本，都由色上住心。如能念念常行般若波羅蜜，推諸法空，不生計較，念念常自精進，一心守護，無令放逸。《淨名經》云：「求一切知，無非時求。」《大般若經》云：「菩薩摩訶薩晝夜精勤，常住般若波羅蜜法，相應作意，無時暫捨。」

若心有住，則為非住。

若心住涅槃，非是菩薩住處。不住涅槃，不住諸法，一切處不住，方是菩薩住處。

上文說應無所住而生其心是也。

是故佛說：『菩薩心，不應住色布施。』須菩提！菩薩為利益一切眾生，應如是布施。

菩薩不爲求望自身快樂，而行布施。但爲內破慳心，外利益一切衆生，而行布施。

如來說一切諸相，即是非相。又說一切衆生，即非衆生。

如者不生，來者不滅。不生者，我人不生。不滅者，覺照不滅。下文云：「如來者無所從來，亦無所去，故名如來。」如來說我人等相，畢竟可破壞，非眞實體也。一切眾生，盡是假名。若離妄心，即無眾生可得，故言即非眾生。

須菩提！如來是真語者、實語者、如語者、不誑語者、不異語者。

眞語者，說一切有情無情皆有佛性。
實語者，說眾生造惡業定受苦報。
如語者，說眾生修善法，定有樂報。

不誑語者，說般若波羅蜜法，出生三世佛，決定不虛。不異語者，如來所說初善、中善、後善，旨意微妙，一切天魔外道，無有能超勝及破壞佛語者。

須菩提！如來所得法，此法無實無虛。

無實者，以法體空寂，無相可得。然中有恒沙性德，用之不匱，故言無虛。欲言其實，無相可得。欲言其虛，用而無間。是故不得言無，不得言有。有而不有，無而不無。言譬不及者，其惟真智乎。若不離相修行，無由臻此。

須菩提！若菩薩心住於法，而行布施，如人入闇，則無所見。

施一切法，心有住著，則不了三輪體空。如盲者處暗，無所曉了。

《華嚴經》云：「聲聞在如來會中聞法，如盲如聾，爲住諸法相故也。」

若菩薩心不住法，而行布施，如人有目，日光明照，見種種色。

若菩薩常行般若波羅蜜多，無著無相行，如人有目，處於皎日之中，何所不見也。

須菩提！當來之世，若有善男子、善女人，能於此經受持、讀誦，則為如來以佛智慧，悉知是人，悉見是人，皆得成就無量無邊功德。」

法難行。

當來之世者，如來滅後，後五百歲，濁惡之世，邪法競起，正法難行。

於此時中，若有善男子善女人，得遇此經，從師稟受，讀誦在心，精進不妄，依義修行，悟入佛之知見，則能成就阿耨菩提。以是，三世諸佛無不知之。

◎持經功德分第十五

「須菩提！若有善男子、善女人，初日分，以恒河沙等身布施；中日分，復以恒河沙等身布施；後日分，亦以恒河沙等身布施；如是無量百千萬億劫，以身布施。若復有人聞此經典，信心不逆，其福勝彼。何況書寫、受持、讀誦、為人解說。

佛說末法之時，得聞此經，信心不逆，四相不生，即是佛之知見。此人功德，勝前多劫捨身功德，百千萬億不可譬喻。一念聞經，其福尚多，何況更能書寫受持讀誦爲人解說。當知此人，決定成就阿耨多羅三藐三菩提。所以種種方便，爲說如是甚深經典，俾離諸相，得阿耨多羅三藐三菩提，所得福德，無有邊際。

蓋緣多劫捨身，不了諸法本空，心有能所，未離眾生之見。如能聞經悟道，我人頓盡，言下即佛，將捨身有漏之福，比持經無漏之慧，實不可及。故雖十方聚寶，三世捨身，不如持經四句偈。

須菩提！以要言之，是經有不可思議，不可稱量，無邊功德。

持經之人，心無我所。無我所故，是佛心。佛心功德，無有邊際，故言不可稱量。

如來為發大乘者說，為發最上乘者說。若有人能受持、讀誦、廣為人說，如來悉知是人，悉見是人，皆得成就不可量、不可稱、無有邊、不可思議功德。如是人等，則為荷擔如來阿耨多羅三藐三菩提。

大乘者，智慧廣大，善能建立一切法。最上乘者，不見垢法可厭，不見淨法可求；不見眾生可度，不見涅槃可證；不作度眾生心，亦不作不度眾生心。是名最上乘。亦名一切智。亦名無生忍。亦名大般若。若有人發心求佛無上道，聞此無相無爲甚深之法，即當信解受持，爲人解說，令其深悟，不生毀謗，得大忍力、大智慧力、大方便力，方能通流此經也。上根之人，聞此經典，得深悟佛意，持自心經，見性究竟。復起利他之行，能爲人解說，令諸學者，自悟無相之理，得見本性如來，成無上道。當知說法之人，所得功德，無有邊際，不可稱量。聞經解義，如教修行，復能廣爲人說，令諸眾生，得悟修行無相無著之行。以能行此行，有大智慧光明，出離塵勞。雖離塵勞，不作離塵勞之念，即得阿耨多羅三藐三菩提。故名荷擔如來。當知持經之人，自有無量無邊不可思議功德。

何以故？須菩提！若樂小法者，著我見、人見、眾生見、壽者見，則於此經，不能聽受、讀誦、為人解說。

何名樂小法者？爲二乘聲聞人，樂小果不發大心，故即於如來深法，不能受持讀誦，爲人解說。

須菩提！在在處處，若有此經，一切世間天、人、阿修羅所應供養。當知此處，則為是塔，皆應恭敬，作禮圍繞，以諸華香而散其處。」

若人口誦般若，心行般若，在在處處，常行無爲無相之行，此人所在之處，如有佛塔。感得一切天人，各持供養，作禮恭敬，與佛無異。能受持經者，是人心中，自有世尊。故云如佛塔廟。當知所得福德，無量無邊也。

◎能淨業障分第十六

「復次，須菩提！善男子、善女人，受持、讀誦此經，若為人輕賤，是人先世罪業，應墮惡道，以今世人輕賤故，先世罪業則為消滅，當得阿耨多羅三藐三菩提。

佛言持經之人，各得一切天人恭敬供養。爲前生有重業障故，今生雖得受持諸佛如來甚深經典，常被人輕賤，不得人恭敬供養。自以受持經典故，不起人我等相，不問冤親，常行恭敬，心無惱恨，蕩然無所計較，念念常行般若波羅蜜行，曾無退轉。以能如是修行故，得無量劫以至今生，所有極惡罪障，並能消滅。又，約理而言，先世即是前念妄心，今世即是後念覺心。以後念覺心，輕賤前念妄心，妄不得住。故云先世罪業，即爲消滅。妄念既滅，罪業不成，即得菩提也。

須菩提！我念過去無量阿僧祇劫，於然燈佛前，得值八百四千萬億那由他諸佛，悉皆供養承事，無空過者。若復有人於後末世，能受持、讀誦此經，所得功德，於我所供養諸佛功德百分不及一，百千萬億分，乃至算數譬喻所不能及。

供養恒沙諸佛，施寶滿三千界，捨身如微塵數，種種福德，不及持經一念悟無生理，息希望心，遠離眾生顛倒知見，即到波羅彼岸，永出三塗，證無餘涅槃也。

須菩提！若善男子、善女人，於後末世，有受持、讀誦此經，所得功德，我若具說者，或有人聞，心即狂亂，狐疑不信。

佛言末法眾生，德薄垢重，嫉妒彌深，邪見熾盛。於此時中，如有善男子善女人，受持讀誦此經，圓成法相，了無所得，念念常行慈悲喜捨，謙下柔和，究竟成就無上菩提。或有人不知如來正法，常在不滅，聞説如來滅後，後五百歲，有人能成就無相心，行無相行，得阿耨多羅三藐三菩提，則必心生驚怖，狐疑不信。

須菩提！當知是經義不可思議，果報亦不可思議。」

是經義者，即無著無相行也。云不可思議者，讚歎無著無相行，能成就阿耨多羅三藐三菩提。

◎究竟無我分第十七

爾時，須菩提白佛言：「世尊！善男子、善女人，發阿耨多羅三藐三菩提心，云何應住？云何降伏其心？」佛告須菩提：「善男子、善女人，發阿耨多羅三藐三菩提心者，當生如是心：『我應滅度一切衆生。滅度一切衆生已，而無有一衆生實滅度者。』

須菩提問佛，如來滅後後五百歲，若有人發阿耨多羅三藐三菩提心，依何法而住，如何降伏其心？佛言：「當發度脫一切眾生心。度脫一切眾生，盡得成佛已，不得見有一眾生是我滅度者。」何以故？爲除能所心也。除有眾生心也，亦除我見心也。

何以故？須菩提！若菩薩有我相、人相、衆生相、壽者相，則非菩薩。

菩薩若見有衆生可度者，即是我相。有能度衆生心，即是人相。謂涅槃可求，即是衆生相。見有涅槃可證，即是壽者相。有此四相，即非菩薩。

所以者何？須菩提！實無有法發阿耨多羅三藐三菩提心者。

有法者，我人等四法是也。不除四法，終不得菩提。若言我發菩提心者，亦是人我等法。人我等法，是煩惱根本。

須菩提！於意云何，如來於然燈佛所，有法得阿耨多羅三藐三菩提不？」

「不也，世尊！如我解佛所說義，佛於然燈佛所，無有法得阿耨多羅三藐三菩提。」

佛言：「如是！如是！

佛告須菩提：「我於師處，不除四相，得受記不？」須菩提深解無相之理，故言不也，善契佛意。故佛言：「如是！如是！」言是，印可之辭。

須菩提！實無有法如來得阿耨多羅三藐三菩提。須菩提！若有法如來得阿耨多羅三藐三菩提者，然燈佛即不與我授記：『汝於來世，當得作佛，號釋迦牟尼。』以實無有法得阿耨多羅三藐三菩提，是故然燈佛與我授記，作是言：『汝於來世，當得作佛，號釋迦牟尼。』何以故？如來者，即諸法如義。

佛言：「實無我人眾生壽者，始得受菩提記。我若有發菩提心，然燈佛即不與我授記。以實無所得，然燈佛始與我授記。」此一段，乃總成須菩提無我義。

佛言諸法如義者，諸法即是色聲香味觸法。於此六塵中，善能分別，而本體湛然。不染不著，曾無變異，如空不動，圓通瑩徹，歷劫常存。是名諸法如義。

《菩薩瓔珞經》云：「毀譽不動，是如來行。」

《入佛境界經》云：「諸欲不染故，敬禮無所觀。」

若有人言：『如來得阿耨多羅三藐三菩提』，須菩提！實無有法佛得阿耨多羅三藐三菩提。須菩提！如來所得阿耨多羅三藐三菩提，於是中無實無虛。

佛言實無所得心，而得菩提。以所得心不生，是故得菩提。離此心外，更無菩提可得，故言無實也。所得心寂滅，一切智本有，萬行悉圓備。恒沙德性，用無乏少。故言無虛也。

是故如來說一切法，皆是佛法。須菩提！所言一切法者，即非一切法，是故名一切法。

能於諸法，心無取舍，亦無能所，熾然建立一切法，而心常空寂。故知一切法皆是佛法。恐迷者貪著，一切法以爲佛法。爲遣此病，故言即非一切法。心無能所，寂而常照。定慧齊行，體用一致。是故名一切法。

須菩提！譬如人身長大。」須菩提言：「世尊！如來說人身長大，則為非大身，是名大身。」

如來說人身長大，則爲非大身者，以顯一切衆生，法身不二，無有限量，是名大身。

法身本無處所，故言則非大身。又以色身雖大，内無智慧，即非大身。色身雖小，内有智慧，得名大身。

雖有智慧，不能依行，即非大身。依教修行，悟入諸佛無上智見，心無能所限量，是名大身也。

「須菩提！菩薩亦如是！若作是言：『我當滅度無量衆生』，則不名菩薩。

菩薩若言，因我說法，除得彼人煩惱，即是法我。

若言我度得衆生，即有我所。雖度脱衆生，心有能所，我人不除，不得名爲菩薩。熾然說種種方便，化度衆生，心無能所，即是菩薩也何以故？須菩提！實無有法名為菩薩。是故佛說：『一切法無我、無人、無衆生、無壽者。』須菩提！若菩薩作是言：『我當莊嚴佛土』，是不名菩薩。何以故？如來說莊嚴佛土者，即非莊嚴，是名莊嚴。

菩薩若言我能建立世界者，即非菩薩。雖然建立世界，心有能所，即非菩薩。熾然建立世界，能所心不生，是名菩薩。《最勝妙定經》云：「假使有人造得白銀精舍滿三千大千世界，不如一念禪定心。」心有能所，即非禪定。能所不生，是名禪定。禪定，即是清淨心也。

須菩提！若菩薩通達無我法者，如來說名真是菩薩。」

於諸法相，無所滯礙，是名通達。不作解法心，是名無我法。無我法者，如來説名眞是菩薩。隨分行持，亦得名爲菩薩，然未爲眞菩薩。解行圓滿，一切能所心盡，方得名眞是菩薩。

◎一體同觀分第十八

「須菩提！於意云何，如來有肉眼不？」

「如是，世尊！如來有肉眼。」

「須菩提！於意云何，如來有天眼不？」

「如是，世尊！如來有天眼。」

「須菩提！於意云何，如來有慧眼不？」

「如是，世尊！如來有慧眼。」
「須菩提！於意云何，如來有法眼不？」
「如是，世尊！如來有法眼。」
「須菩提！於意云何，如來有佛眼不？」
「如是，世尊！如來有佛眼。」

一切人盡有五眼，爲迷所覆，不能自見。故佛教除卻迷心，即五眼開明，念念修行般若波羅蜜法。
初除迷心，名爲第一肉眼。
見一切衆生，皆有佛性，起憐愍心，是名爲第二天眼。
癡心不生，名爲第三慧眼。
著法心除，名爲第四法眼。
細惑永盡，圓明遍照，名爲第五佛眼。

又云：見色身中有法身，名爲天眼。
見一切眾生，各具般若性，名爲慧眼。
見性明徹，能所永除，一切佛法，本來自備，名爲法眼。
見般若波羅蜜，能生三世一切法，名爲佛眼。

「須菩提！於意云何，如恒河中所有沙，佛說是沙不？」
「如是，世尊！如來說是沙。」
「須菩提！於意云何，如一恒河中所有沙，有如是沙等恒河，是諸恒河所有沙數佛世界，如是寧為多不？」
「甚多，世尊！」

恒河者，西國祇洹精舍側近之河。如來說法，常指此河爲喻。佛說此河中沙，一沙況一佛世界，以爲多不。須菩提言：「甚多，世尊！」佛舉此眾多國數者，欲明其中所有眾生，一一眾生，皆有若許心數也。

佛告須菩提：「爾所國土中，所有眾生，若干種心，如來悉知。何以故？如來說諸心，皆為非心，是名為心。

爾所國土中，所有眾生，一一眾生，皆有若干差別心數。心數雖多，總名妄心。識得妄心非心，是名爲心，此心即是眞心、常心、佛心、般若波羅蜜心、清淨菩提涅槃心也。

所以者何？須菩提！過去心不可得，現在心不可得，未來心不可得。」

過去心不可得者，前念妄心，瞥然已過，追尋無有處所。
現在心不可得者，眞心無相，憑何得見？
未來心不可得者，本無可得，習氣已盡，更不復生。
了此三心皆不可得，是名爲佛。

◎法界通化分第十九

「須菩提！於意云何，若有人滿三千大千世界七寶，以用布施，是人以是因緣，得福多不？」
「如是，世尊！此人以是因緣，得福甚多。」

「須菩提！若福德有實，如來不說得福德多。以福德無故，如來說得福德多。」

七寶之福，不能成就佛果菩提，故言無也。以其無量數限，故名曰多。如能超過，即不說多也。

◎離色離相分第二十

「須菩提！於意云何，佛可以具足色身見不？」

「不也，世尊！如來不應以具足色身見。何以故？如來說具足色身，即非具足色身，是名具足色身。」

佛意恐眾生不見法身，但見三十二相，八十種好，紫磨金輝，以爲如來眞身。
爲遣此迷，故問須菩提，佛可以具足色身相見不。
三十二相即非具足色身。內具三十二淨行，是名具足色身。淨行者，即六波羅蜜是也。於五根中修六波羅蜜，於意根中定慧雙修，是名具足色身。徒愛如來三十二相，內不行三十二淨行，即非具足色身。不愛如來色相，能自持清淨行，亦得名具足色身也。

「須菩提！於意云何，如來可以具足諸相見不？」

「不也，世尊！如來不應以具足諸相見。何以故？如來說諸相具足，即非具足，是名諸相具足。」

如如來者，即無相法身是也。非肉眼所見，慧眼乃能見之。慧眼未明具足，生我人等相，以觀三十二相爲如來者，即不名爲具足也。

慧眼明徹，我人等相不生，正智光明常照，是名諸相具足。三毒未泯，言見如來眞身者，固無此理，縱能見者，祇是化身，非眞實無相之法身也。

◎非說所說分第二十一

「須菩提！汝勿謂如來作是念：『我當有所說法。』莫作是念。何以故？若人言如來有所說法，即為謗佛，不能解我所說故。須菩提！說法者，無法可說，是名說法。」

凡夫說法，心有所得。故告須菩提，如來說法，心無所得。凡夫作能解心說，如來語嘿皆如。所發言辭，如響應聲，任用無心，不同凡夫作生滅心說。

若言如來說法，心有生滅者，即爲謗佛。《維摩經》云：「眞說法者，無說無示；聽法者，無聞無得。」了萬法空寂，一切名言，皆是假立。於自空性中，熾然建立，一切言辭演說。諸法無相無爲，開導迷人，令見本性，修證無上菩提。是名說法。

爾時，慧命須菩提白佛言：「世尊！頗有衆生，於未來世，聞說是法，生信心不？」

佛言：「須菩提！彼非衆生，非不衆生。何以故？須菩提！眾生眾生者，如來說非眾生，是名眾生。」

靈幽法師加此「慧命須菩提六十二字」，是長慶二年。今見在濠州鐘離等石碑上，記六祖解在前，故無解。今亦存之。

◎無法可得分第二十二

須菩提白佛言：「世尊！佛得阿耨多羅三藐三菩提，為無所得耶？」

佛言：「如是！如是！須菩提！我於阿耨多羅三藐三菩提，乃至無有少法可得，是名阿耨多羅三藐三菩提。」

須菩提言：「所得心盡，即是菩提。」

佛言：「如是！如是！我於菩提實無希求心，亦無所得心，以如是故，得名阿耨多羅三藐三菩提。」

◎淨心行善分第二十三

「復次，須菩提！是法平等，無有高下，是名阿耨多羅三藐三菩提。以無我、無人、無衆生、無壽者，修一切善法，則得阿耨多羅三藐三菩提。

此菩提法者，上至諸佛，下至昆虫，盡含種智，與佛無異。故言平等，無有高下，以菩提無二故。但離四相，修一切善法，則得菩提。若不離四相，修一切善法，轉增我人欲證解脫之心，無由可得。

若離四相，而修一切善法，解脫可期。

修一切善法者，於一切法，無有染著；對一切境，不動不搖；於出世法，不貪不著不愛；於一切處常行方便，隨順眾生，使之歡喜信服；爲說正法，令悟菩提。如是始名修行。故言修一切善法。

須菩提！所言善法者，如來說非善法，是名善法。」

修一切善法，希望果報，即非善法。六度萬行熾然俱作，心不望報，是名善法。

◎福智無比分第二十四

「須菩提！若三千大千世界中，所有諸須彌山王，如是等七寶聚，有人持用布施。若人以此般若波羅蜜經，乃至四句偈等，受持、讀誦、為他人說，於前福德百分不及一，百千萬億分，乃至算數譬喻所不能及。」

大鐵圍山，高廣二百二十四萬里。
小鐵圍山，高廣一百一十二萬里。
須彌山，高廣三百三十六萬里。
以此名爲三千大千世界。
就理而言，即貪嗔癡妄念各具一千也。如爾許山盡如須彌，以況七寶數持用布施，所得福德，無量無邊，終是有漏之因，而無解脫之理。

摩訶般若波羅蜜多四句經文雖少，依之修行，即得成佛。是知持經之福，能令眾生證得菩提，故不可比。

◎化無所化分第二十五

「須菩提！於意云何，汝等勿謂如來作是念：『我當度眾生。』須菩提！莫作是念。何以故？實無有衆生如來度者。若有衆生如來度者，如來則有我、人、衆生、壽者。

須菩提意謂如來有度眾生心。佛爲遣須菩提如是疑心，故言「莫作是念」。一切眾生，本自是佛。

若言如來度得眾生成佛，即爲妄語。以妄語故，即是我、人、眾生、壽者。此爲遣我所心也。夫一切眾生，雖有佛性，若不因諸佛說法，無由自悟，憑何修行，得成佛道？

須菩提！如來說有我者，則非有我。而凡夫之人，以為有我。須菩提！凡夫者，如來說即非凡夫，是名凡夫。」

如來說有「我」者，是自性清淨，常樂我淨之「我」，不同凡夫貪嗔無明虛妄不實之「我」。故言凡夫之人，以爲有我。有我人者，即是凡夫。我人不生，即非凡夫。心有生滅，即是凡夫。心無生滅，即非凡夫。

不悟般若波羅蜜多，即是凡夫。若悟般若波羅蜜多，即非凡夫。

心有能所，即是凡夫。心無能所，即非凡夫。

◎法身非相分第二十六

「須菩提！於意云何，可以三十二相觀如來不？」

須菩提言：「如是！如是！以三十二相觀如來。」

佛言：「須菩提！若以三十二相觀如來者，轉輪聖王，則是如來。」

須菩提白佛言：「世尊！如我解佛所說義，不應以三十二相觀如來。」

世尊大慈，恐須菩提執相之病未除，故作此問。須菩提未知佛意，乃言如是。如是之言，早是迷心。更言以三十二相觀如來，又是一重迷心，離眞轉遠。故如來爲說，除彼迷心。若以三十二相觀如來者，轉輪聖王，即是如來。轉輪聖王，雖有三十二相，豈得同如來。世尊引此言者，以遣須菩提執相之病，令其所悟深徹。須菩提被問，迷心頓釋，故云「如我解佛所說義，不應以三十二相觀如來。」須菩提是大阿羅漢，所悟甚深得方便，不生迷路，以冀世尊除遣細惑，令後世衆生所見不謬也。

爾時世尊而說偈言：

「若以色見我，以音聲求我，
是人行邪道，不能見如來。」

「若」、「以」兩字，是發語之端。色者相也。見者識也。我者，是一切衆生身中自性清淨，無爲無相眞常之體。不可高聲念佛，而得成就。念須正念分明，方得悟解。若以色聲求之，不可見也。是知於相中觀佛，聲中求法，心有生滅，不悟如來矣。

◎無斷無滅分第二十七

「須菩提！汝若作是念：『如來不以具足相故，得阿耨多羅三藐三菩提。』須菩提！莫作是念：『如來不以具足相故，得阿耨多羅三藐三菩提。』須菩提！汝若作是念，發阿耨多羅三藐三菩提心者，說諸法斷滅相。莫作是念！何以故？發阿耨多羅三藐三菩提心者，於法不說斷滅相。」

須菩提聞說眞身離相，便謂不修三十二淨行，而得菩提。佛語須菩提，莫言如來不修三十二淨行，而得菩提。汝若言不修三十二淨行，得阿耨菩提者，即是斷佛種性。無有是處。

◎不受不貪分第二十八

「須菩提！若菩薩以滿恒河沙等世界七寶持用布施，若復有人，知一切法無我，得成於忍，此菩薩勝前菩薩所得功德。何以故？須菩提！以諸菩薩不受福德故。」

須菩提白佛言：「世尊！云何菩薩不受福德？」

「須菩提！菩薩所作福德，不應貪著，是故說不受福德。」

通達一切法，無能所心，是名爲忍。此人所得福德，勝前七寶之福。菩薩所作福德，不爲自己，意在利益一切衆生。故言不受福德。

◎威儀寂靜分第二十九

「須菩提！若有人言：『如來若來、若去、若坐、若臥。』是人不解我所說義。何以故？如來者，無所從來，亦無所去，故名如來。」

如來者，非來非不來；非去非不去；非坐非不坐；非臥非不臥。行住坐臥四威儀中，常在空寂，即是如來也。

◎一合相理分第三十

「須菩提！若善男子、善女人，以三千大千世界碎為微塵，於意云何，是微塵眾寧為多不？」

「甚多，世尊！何以故？若是微塵衆實有者，佛即不說是微塵衆。所以者何？佛說微塵衆，則非微塵衆，是名微塵衆。

佛說三千大千世界，以喻一切衆生性上微塵之數。如三千大千世界中所有微塵，一切衆生性上妄念微塵，即非微塵。聞經悟道，覺慧常照，趣向菩提。念念不住，常在清淨。如是清淨微塵，是名微塵衆。

世尊！如來所說三千大千世界，則非世界，是名世界。

「三千者」，約理而言，即貪、嗔、癡妄念各具一千數也。心爲善惡之樞，能作凡作聖，其動靜不可測度，廣大無邊。故名大千世界。

何以故？若世界實有者，則是一合相。如來說一合相，則非一合相，是名一合相。」

心中明了，莫過悲智二法。由此二法，而得菩提。說一合相者，心存所得故，即非一合相。心無所得，是名一合相。一合相者，不得假名，而談實相。

「須菩提！一合相者，即是不可說。但凡夫之人，貪著其事。」

由悲智二法，成就佛果菩提，說不可盡，妙不可言。凡夫之人，貪著文字事業，不行悲智二法。若不行悲智二法，而求無上菩提，何由可得。

◎知見不生分第三十一

「須菩提！若人言：『佛説我見、人見、衆生見、壽者見。』須菩提！於意云何，是人解我所説義不？」

「不也，世尊！是人不解如來所説義。何以故？世尊説我見、人見、衆生見、壽者見，即非我見、人見、衆生見、壽者見，是名我見、人見、衆生見、壽者見。」

如來說此經者，令一切眾生，自悟般若智慧，自修行菩提之果。

凡夫之人不解佛意，便謂如來說我人等見，不知如來說甚深無相無為般若波羅蜜法。

如來所說我人等見，不同凡夫我人等見。

如來說一切眾生，皆有佛性，是眞我見。

說一切眾生有無漏智，性本自具足，是人見。

說一切眾生本自無煩惱，是眾生見。

說一切眾生，性本不生不滅，是壽者見。

「須菩提！發阿耨多羅三藐三菩提心者，於一切法，應如是知、如是見、如是信解，不生法相。須菩提！

所言法相者，如來說即非法相，是名法相。」

發菩提心者，應見一切眾生皆有佛性；應見一切眾生無漏種智，本自具足；應信一切眾生，自性本無生滅。雖行一切智慧，方便接物利生，不作能所之心。口說無相法，而心有能所，即非法相。口說無相法，心行無相行，而能所心滅，是名法相也。

◎應化非真分第三十二

「須菩提！若有人以滿無量阿僧祇世界七寶，持用布施，若有善男子、善女人發菩提心者，持於此經，乃至四句偈等，受持、讀誦、為人演說，其福勝彼。

云何為人演說？不取於相，如如不動。

七寶之福雖多，不如有人發菩提心。受持此經四句，爲人演說，其福勝彼百千萬億，不可譬喻。說法善巧方便，觀根應量，種種隨宜，是名爲人演說。所聽法人，有種種相貌不等，不得作分別之心。但了空寂如如之心，無所得心，無勝負心，無希望心，無生滅心，是名如如不動也。

何以故？

一切有爲法，如夢幻泡影，
如露亦如電，應作如是觀。」

夢者是妄身。
幻者是妄念。
泡者是煩惱。
影者是業障。
夢幻泡影業，是名有爲法。
眞實離名相，悟者無諸業。

佛說是經已，長老須菩提，及諸比丘、比丘尼、優婆塞、優婆夷、一切世間天、人、阿修羅，聞佛所說，皆大歡喜，信受奉行。

六祖口訣後序

法性圓寂，本無生滅。因有生念，遂有生緣。故天得命之以生，是故謂之命。天命既立，眞空入有，前日生念轉而爲意識。意識之用，散而爲六根。六根各有分別，中有所總持者，是故謂之心。心者念慮之所在也，神識之所舍也，眞妄之所共處者也，當凡夫聖賢幾會之地也。一切衆生自無始來，不能離生滅者，皆爲此心所累。故諸佛惟教人了此心。此心了即見自性，見自性則是菩提也。此在性時皆自空寂，而湛然若無。緣有生念，而後有者也。

有生則有形。形者地水火風之聚沫也。以血氣爲體，有生者之所託也。

血氣足則精足，精足則生神，神足則生妙用。

然則妙用者，即是在吾圓寂時之眞我也。因形之遇物，故見之於作爲而已。但凡夫迷而逐物，聖賢明而應物。逐物者自彼，應物者自我。

自彼者，著於所見，故覓輪迴。自我者，當體常空，萬劫如一。合而觀之，皆心之妙用也。

是故當其未生之時，所謂性者，圓滿具足，空然無物，湛乎自然，其廣大與虛空等。往來變化，一切自由。天雖欲命我以生，其可得乎？

天猶不能命我以生，況於四大乎？況於五行乎？

既有生念，又有生緣，故天得以生命我；四大得以氣形我；五行得以教約我。

此有生者之所以有滅也，然則生滅則一。

在凡夫、聖賢之所以生滅則殊。凡夫之人，生緣念有，識隨業變，習氣薰染，因生愈甚。故既生之後，心著諸妄，妄認四大以爲我身；妄認六親以爲我有；妄認色聲以爲快樂；妄認塵勞以爲富貴。

心自知見，無所不妄。諸妄既起，煩惱萬差。妄念奪眞，眞性遂隱。人我爲主，眞識爲客。三業前引，百業後隨。流浪生死，無有涯際。生盡則滅，滅盡復生。

生滅相尋，至墮諸趣。在於諸趣，轉轉不知，愈恣無明，造諸業罟，遂至塵沙劫盡，不復人身。

聖賢則不然。

聖賢生不因念，應跡而生。欲生則生，不待彼命。故既生之後，圓寂之性，依舊湛然，無體相無罣礙。其照萬法，如青天白日，無毫髮隱滯。故建立一切善法，遍於沙界，不見其少；攝受一切眾生，皈於寂滅，不以爲多。

驅之不能來，逐之不能去。雖託四大爲形，五行爲養，皆我所假，未嘗妄認。

我緣苟盡，我跡當滅，委而去之，如來去耳，於我何與哉。

是故凡夫有生則有滅，滅者不能不生。聖賢有生亦有滅，滅者歸於眞空。

是故凡夫生滅，如身中影。出入相隨，無有盡時。聖賢生滅，如空中雷。自發自止，不累於物。世人不知生滅之如此，而以生滅爲煩惱大患。蓋不自覺也。

覺則見生滅如身上塵，當一振奮耳，何能緣我性哉。

昔我如來以大慈悲心，閔一切眾生，迷錯顚倒，流浪生死之如此。

又見一切衆生，本有快樂自在性，皆可修證成佛，欲一切衆生，盡爲聖賢生滅，不爲凡夫生滅。

猶慮一切衆生無始以來，流浪日久，其種性已差，未能以一法速悟，故爲說八萬四千法門。門門可入，皆可到眞如之地。每說一法門，莫非丁寧實語。欲使一切衆生，各隨所見法門，入自心地，到自心地，見自佛性，證自身佛，即同如來。

是故如來於諸經說有者，欲使一切衆生睹相生善；說無者，欲使一切衆生離相見性。所說色空，亦復如是。然而衆生執著，見有非眞有；見無非眞無；其見色見空，皆如是執著。復起斷常二見，轉爲生死根蒂。不示以無二法門，又將迷錯顚倒，流浪生死，甚於前日。故如來又爲說大般若法，破斷常二見，使一切衆生，知眞有眞無，眞色眞空，本來無二，亦不遠人，湛然寂靜，只在自己性中。

但以自己性智慧，照破諸妄，則曉然自見。是故大般若經六百卷，皆如來爲菩薩果人說佛性，然而其間猶有爲頓漸者說。惟《金剛經》爲發大乘者說，爲發最上乘者說。是故其經先說四生四相，次云凡所有相，皆是虛妄；若見諸相非相，即見如來。蓋顯一切法，至無所住，是爲眞諦。

故如來於此經，凡說涉有即破之。以非眞取實相，以示眾生。蓋恐眾生不解所說，其心反有所住故也。如所謂佛法即非佛法之類是也。

是故六祖大師，於五祖傳衣付法之際，聞說此經云「應無所住而生其心」，言下大悟，是爲第六祖。如來云一切諸佛，及諸佛阿耨多羅三藐三菩提法，皆從此經出，其信乎哉。

適少觀檀經，聞六祖由此經見性，疑必有所演說，未之見也。及知曹州濟陰，於邢君固處得六祖口訣一本，觀其言簡辭直，明白倒斷，使人易曉而不惑，喜不自勝。

又念京東河北陝西人，資性質朴信厚，遇事決裂，若使學佛性，必能勇猛精進，超越過人。

然其爲講師者，多傳百法論，上生經而已。其學者不知萬法隨緣生，緣盡法亦應滅，反以法爲法，固守執著，遂爲法所縛，死不知解。猶如陷沙之人，力與沙爭，愈用力而愈陷，不知勿與沙爭，即能出陷。良可惜也。

適遂欲以六祖金剛經口訣，鏤板流傳，以開發此數方學者佛性。然以文多脫誤，因廣求別本勘校，十年間凡得八本。

惟杭越建陝四本文多同，因得刊正冤句。

董君遵力勸成之，且卒諸朝士以資募工士。大夫聞者，皆樂見助。四明樓君常願終求其事。

嗚呼，如來云：「無法可說，是名說法。」夫可見於言語文字者，豈佛法之眞諦也。然非言語文字，則眞諦不可得而傳也。

學者因六祖口訣以求《金剛經》，因《金剛經》以求自佛性，見自佛性，然後知佛法不止於口訣而已。如此則六祖之於佛法，其功可思議乎哉。

或者以六祖不識字，疑口訣非六祖所作。譬夫《大藏經》，豈是世尊自作耶？亦聽法者之所傳也。或六祖言之，而弟子傳之，吾不可得而知也。

苟因口訣可以見經，何疑其不識字也。

允豐七年六月十日　天台羅適　謹序

重刻六祖金剛經解跋

余生也魯其於佛氏教典諸書

六祖大師法寶壇經

風旛報恩光孝禪寺住持嗣祖比丘宗寶編

《六祖大師法寶壇經》，除了通行本之外，另有「敦煌本」、「敦博本」受到重視。本合刊本之《六祖大師法寶壇經》，採通行本，並根據《大正藏》版本校正。

◎行由第一

時，大師至寶林。韶州韋刺史名璩與官僚入山請師，出於城中大梵寺講堂，為衆開緣説法。師陞座次，刺史、官僚三十餘人，儒宗學士三十餘人，僧尼道俗一千餘人，同時作禮，願聞法要。

大師告衆曰：「善知識！菩提自性，本來清淨，但用此心，直了成佛。善知識！且聽惠能行由得法事意。惠能嚴父，本貫范陽，左降流于嶺南，作新州百姓。此身不幸，父又早亡，老母孤遺，移來南海，艱辛貧乏，於市賣柴。時，有一客買柴，使令送至客店。客收去，惠能得錢，卻出門外，見一客誦經。

「惠能一聞經語，心即開悟，遂問客誦何經。客曰：『《金剛經》。』復問：『從何所來，持此經典？』客云：『我從蘄州黃梅縣東禪寺來。其寺是五祖忍大師在彼主化，門人一千有餘。我到彼中禮拜，聽受此經。大師常勸僧俗，但持《金剛經》，即自見性，直了成佛。』惠能聞說，宿昔有緣，乃蒙一客取銀十兩與惠能，令充老母衣糧，教便往黃梅參禮五祖。

「惠能安置母畢，即便辭違。不經三十餘日，便至黃梅，禮拜五祖。祖問曰：『汝何方人？欲求何物？』

惠能對曰：『弟子是嶺南新州百姓，遠來禮師，惟求作佛，不求餘物。』祖言：『汝是嶺南人，又是獦獠，若為堪作佛？』惠能曰：『人雖有南北，佛性本無南北；獦獠身與和尚不同，佛性有何差別？』五祖更欲與語，且見徒眾總在左右，乃令隨眾作務。惠能曰：『惠能啓和尚，弟子自心，常生智慧，不離自性，即是福田。未審和尚教作何務？』祖云：『這獦獠根性大利。汝更勿言，著槽廠去！』惠能退至後院，有一行者，差惠能破柴踏碓。

「經八月餘，祖一日忽見惠能曰：『吾思汝之見可用，恐有惡人害汝，遂不與汝言。汝知之否？』惠能曰：

『弟子亦知師意，不敢行至堂前，令人不覺。』

「祖一日喚諸門人總來：『吾向汝說，世人生死事大。汝等終日只求福田，不求出離生死苦海，自性若迷，福何可救？汝等各去，自看智慧，取自本心般若之性，各作一偈，來呈吾看。若悟大意，付汝衣法，為第六代祖。火急速去，不得遲滯。思量即不中用。見性之人，言下須見。若如此者，輪刀上陣，亦得見之（喻利根者）！』眾得處分，退而遞相謂曰：『我等眾人，不須澄心用意作偈，將呈和尚，有何所益？神秀上座，現為教授師，必是他得。我輩謾作偈頌，枉用心力。』餘人聞語，總皆息心，咸言：『我等已後依止秀師，何煩作偈？』

「神秀思惟：『諸人不呈偈者，為我與他為教授師。我須作偈，將呈和尚。若不呈偈，和尚如何知我心中見解深淺？我呈偈意，求法即善，覓祖即惡，卻同凡心奪其聖位奚別？若不呈偈，終不得法。大難！大難！』

「五祖堂前，有步廊三間，擬請供奉盧珍畫《楞伽經》變相，及〈五祖血脈圖〉，流傳供養。神秀作偈成已，數度欲呈，行至堂前，心中恍惚，遍身汗流，擬呈不得。前後經四日，一十三度呈偈不得。秀乃思惟：『不如向廊下書著，從他和尚看見，忽若道好，即出禮拜，云是秀作。若道不堪，枉向山中數年，受人禮拜，更修何道？』

「是夜三更，不使人知，自執燈，書偈於南廊壁間，呈心所見。偈曰：

身是菩提樹，心如明鏡臺，
時時勤拂拭，勿使惹塵埃。

「秀書偈了，便卻歸房，人總不知。秀復思惟：『五祖明日見偈歡喜，即我與法有緣。若言不堪，自是我迷，宿業障重，不合得法。』聖意難測，房中思想，坐臥不安，直至五更。

「祖已知神秀入門未得，不見自性。天明，祖喚盧供奉來，向南廊壁間，繪畫圖相，忽見其偈，報言：『供奉卻不用畫，勞爾遠來。經云：凡所有相，皆是虛妄。但留此偈，與人誦持。依此偈修，免墮惡道；依此偈修，有大利益。』令門人炷香禮敬，盡誦此偈，即得見性。門人誦偈，皆歎善哉！

「祖三更喚秀入堂，問曰：『偈是汝作否？』秀言：『實是秀作。不敢妄求祖位，望和尚慈悲，看弟子有少智慧否？』祖曰：『汝作此偈，未見本性，只到門外，未入門內。如此見解，覓無上菩提，了不可得。無上菩提，須得言下識自本心，見自本性不生不滅，於一切時中，念念自見萬法無滯，一真一切真，萬境自如如。如如之心，即是真實。若如是見，即是無上菩提之自性也。汝且去，一兩日思惟，更作一偈將來，吾看汝偈若入得門，付汝衣法。』

「神秀作禮而出。又經數日，作偈不成，心中恍惚，神思不安，猶如夢中，行坐不樂。

「復兩日，有一童子於碓坊過，唱誦其偈。惠能一聞，便知此偈未見本性。雖未蒙教授，早識大意。遂問童子曰：『誦者何偈？』童子曰：『爾這獦獠，不知大師言，世人生死事大，欲得傳付衣法，令門人作偈來看。若悟大意，即付衣法為第六祖。神秀上座，於南廊壁上，書無相偈，大師令人皆誦，依此偈修，免墮惡道；依此偈修，有大利益。』惠能曰（一本有「我亦要誦此，結來生緣」）：『上人！我此踏碓，八箇餘月，未曾行到堂前。望上人引至偈前禮拜。』童子引至偈前禮拜，惠能曰：『惠能不識字，請上人為讀。』時，有江州別駕，姓張名日用，便高聲讀。惠能聞已，遂言：『亦有一偈，望別駕為書。』別駕言：『汝亦作偈？其事希有！』惠能向別駕言：『欲學無上菩提，不得輕於初學。下下人有上上智，上上人有沒意智。若輕人，即有無量無邊罪。』別駕言：『汝但誦偈，吾為汝書。汝若得法，先須度吾。勿忘此言！』惠能偈曰：

『菩提本無樹，明鏡亦非臺；
本來無一物，何處惹塵埃！』

「書此偈已，徒衆總驚，無不嗟訝，各相謂言：『奇哉！不得以貌取人，何得多時，使他肉身菩薩。』「祖見衆人驚怪，恐人損害，遂將鞋擦了偈，曰：『亦未見性！』衆以為然。

「次日，祖潛至碓坊，見能腰石舂米，語曰：『求道之人，為法忘軀，當如是乎！』乃問曰：『米熟也未？』惠能曰：『米熟久矣，猶欠篩在。』祖以杖擊碓三下而去。惠能即會祖意，三鼓入室，祖以袈裟遮圍，不令人見，為說《金剛經》。至『應無所住而生其心』，惠能言下大悟，一切萬法，不離自性。遂啓祖言：『何期自性，本自清淨！何期自性，本不生滅！何期自性，本自具足！何期自性，本無動搖！何期自性，能生萬法！』祖知悟本性，謂惠能曰：『不識本心，學法無益；若識自本心，見自本性，即名丈夫、天人師、佛。』三更受法，人盡不知，便傳頓教及衣鉢，云：『汝為第六代祖，善自護念，廣度有情，流布將來，無令斷絕。聽吾偈曰：

有情來下種，因地果還生，無情既無種，無性亦無生。』

「祖復曰：『昔達磨大師，初來此土，人未之信，故傳此衣，以為信體，代代相承；法則以心傳心，皆令自悟自解。自古，佛佛惟傳本體，師師密付本心；衣為爭端，止汝勿傳。若傳此衣，命如懸絲。汝須速去，恐人害汝。』惠能啓曰：『向甚處去？』祖云：『逢懷則止，遇會則藏。』

「惠能三更領得衣鉢，云：『能本是南中人，素不知此山路，如何出得江口？』五祖言：『汝不須憂，吾自送汝。』祖相送，直至九江驛。祖令上船，五祖把艣自搖。惠能言：『請和尚坐。弟子合搖艣。』祖云：『合是吾渡汝。』惠能云：『迷時師度，悟了自度。度名雖一，用處不同。惠能生在邊方，語音不正，蒙師傳法，今已得悟，只合自性自度。』

「祖云：『如是！如是！以後佛法，由汝大行。汝去三年，吾方逝世。汝今好去，努力向南。不宜速說，佛法難起。』

「惠能辭違祖已，發足南行。兩月中間，至大庾嶺五祖歸，數日不上堂。眾疑，詣問曰：『和尚少病少惱否？』曰：『病即無。衣法已南矣。』問：『誰人傳授？』曰：『能者得之。』眾乃知焉。逐後數百人來，欲奪衣鉢。

「一僧俗姓陳，名惠明，先是四品將軍，性行麤慥，極意參尋，為眾人先，趁及惠能。惠能擲下衣鉢於石上，云：『此衣表信，可力爭耶？』能隱草莽中。惠明至，提掇不動，乃喚云：『行者！行者！我為法來，不為衣來。』惠能遂出，坐盤石上。惠明作禮云：『望行者為我説法。』惠能云：『汝既為法而來，可屏息諸緣，勿生一念。吾為汝説明。』良久，惠能云：『不思善，不思惡，正與麼時，那箇是明上座本來面目？』惠明言下大悟。復問云：『上來密語密意外，還更有密意否？』惠能云：『與汝説者，即非密也。汝若返照，密在汝邊。』明曰：『惠明雖在黃梅，實未省自己面目。今蒙指示，如人飲水，冷暖自知。今行者即惠明師也。』惠能曰：『汝若如是，吾與汝同師黃梅，善自護持。』明又問：『惠明今後向甚處去？』惠能曰：『逢袁則止，遇蒙則居。』明禮辭。明回至嶺下，謂趁衆曰：『向陟崔嵬，竟無蹤跡，當別道尋之。』趁衆咸以為然。惠明後改道明，避師上字。

「惠能後至曹溪，又被惡人尋逐。乃於四會，避難獵人隊中，凡經一十五載，時與獵人隨宜說法。獵人常令守網，每見生命，盡放之。每至飯時，以菜寄煮肉鍋。或問，則對曰：『但喫肉邊菜。』

「一日思惟：『時當弘法，不可終遯。』遂出至廣州法性寺，值印宗法師講《涅槃經》。時有風吹旛動，一僧曰：『風動。』一僧曰：『旛動。』議論不已。惠能進曰：『不是風動，不是旛動，仁者心動。』一衆駭然。印宗延至上席，徵詰奧義。見惠能言簡理當，不由文字，宗云：『行者定非常人。久聞黃梅衣法南來，莫是行者否？』惠能曰：『不敢。』宗於是作禮，告請傳來衣缽出示大衆。宗復問曰：『黃梅付囑，如何指授？』惠能曰：『指授即無，惟論見性，不論禪定解脫。』宗曰：『何不論禪定解脫？』能曰：『為是二法，不是佛法。佛法是不二之法。』宗又問：『如何是佛法不二之法？』惠能曰：『法師講《涅槃經》，明佛性，是佛法不二之法。如高貴德王菩薩白佛言："犯四重禁、作五逆罪，及一闡提等，當斷善根佛性否？"佛言："善根有二：一者常，二者無常，佛性非常非無常，是故不斷，名為不二。一者善，二者不善，佛性非善非不善，是名不二。蘊之與界，凡夫見二，智者了達其性無二，無二之性即是佛性。"』

「印宗聞說，歡喜合掌，言：『某甲講經，猶如瓦礫；仁者論義，猶如真金。』於是為惠能剃髮，願事為師。惠能遂於菩提樹下，開東山法門。

「惠能於東山得法，辛苦受盡，命似懸絲。今日得與使君、官僚、僧尼、道俗同此一會，莫非累劫之緣，亦是過去生中供養諸佛，同種善根，方始得聞如上頓教得法之因。教是先聖所傳，不是惠能自智。願聞先聖教者，各令淨心，聞了各自除疑，如先代聖人無別。」一眾聞法，歡喜作禮而退。

◎般若第二

次日，韋使君請益。師陞座，告大衆曰：「總淨心念摩訶般若波羅蜜多。」復云：「善知識！菩提般若之智，世人本自有之；只緣心迷，不能自悟，須假大善知識，示導見性。當知愚人智人，佛性本無差別，只緣迷悟不同，所以有愚有智。吾今為說摩訶般若波羅蜜法，使汝等各得智慧。志心諦聽！吾為汝說。

「善知識！世人終日口念般若，不識自性般若，猶如說食不飽。口但說空，萬劫不得見性，終無有益。善知識！摩訶般若波羅蜜是梵語，此言大智慧到彼岸。

此須心行，不在口念。口念心不行，如幻、如化、如露、如電；口念心行，則心口相應。本性是佛，離性無別佛。

「何名摩訶？摩訶是大。心量廣大，猶如虛空，無有邊畔，亦無方圓大小，亦非青黃赤白，亦無上下長短，亦無瞋無喜，無是無非，無善無惡，無有頭尾。諸佛剎土，盡同虛空。世人妙性本空，無有一法可得。自性真空，亦復如是。善知識！莫聞吾說空，便即著空。第一莫著空，若空心靜坐，即著無記空。

「善知識！世界虛空，能含萬物色像，日月星宿、山河大地、泉源谿澗、草木叢林、惡人善人、惡法善法、天堂地獄、一切大海、須彌諸山，總在空中。世人性空，亦復如是。善知識！自性能含萬法是大，萬法在諸人性中。若見一切人惡之與善，盡皆不取不捨亦不染著，心如虛空，名之為大，故曰摩訶。善知識！迷人口說，智者心行。又有迷人，空心靜坐，百無所思，自稱為大。此一輩人，不可與語，為邪見故。善知識！心量廣大，遍周法界，用即了了分明，應用便知一切。一切即一，一即一切。去來自由，心體無滯，即是般若。

「善知識！一切般若智，皆從自性而生，不從外入。莫錯用意，名為真性自用。一真一切真，心量大事，不行小道。口莫終日說空，心中不修此行。恰似凡人自稱國王，終不可得，非吾弟子。善知識！何名般若？般若者，唐言智慧也。一切處所，一切時中，念念不愚，常行智慧，即是般若行。一念愚即般若絕，一念智即般若生。世人愚迷，不見般若，口說般若，心中常愚。常自言：『我修般若。』念念說空，不識真空。般若無形相，智慧心即是。若作如是解，即名般若智。

「何名波羅蜜？此是西國語，唐言到彼岸，解義離生滅。著境生滅起，如水有波浪，即名為此岸；離境無生滅，如水常通流，即名為彼岸，故號波羅蜜。善知識！迷人口念，當念之時，有妄有非。念念若行，是名真性。悟此法者，是般若法；修此行者，是般若行。不修即凡；一念修行，自身等佛。善知識！凡夫即佛，煩惱即菩提。前念迷即凡夫，後念悟即佛。前念著境即煩惱，後念離境即菩提。

「善知識！摩訶般若波羅蜜，最尊最上最第一，無住無往亦無來，三世諸佛從中出。當用大智慧，打破五蘊煩惱塵勞。如此修行，定成佛道，變三毒為戒定慧。善知識！我此法門，從一般若生八萬四千智慧。何以故？為世人有八萬四千塵勞。若無塵勞，智慧常現，不離自性。悟此法者，即是無念、無憶、無著，不起誑妄，用自真如性，以智慧觀照，於一切法不取不捨，即是見性成佛道。

「善知識！若欲入甚深法界及般若三昧者，須修般若行，持誦《金剛般若經》，即得見性。當知此經功德無量無邊，經中分明讚歎，莫能具說。此法門是最上乘，為大智人說，為上根人說。小根小智人聞，心生不信。何以故？譬如大龍下雨於閻浮提，城邑聚落，悉皆漂流如漂棗葉。若雨大海，不增不減。若大乘人，若最上乘人，聞說《金剛經》，心開悟解。故知本性自有般若之智，自用智慧，常觀照故，不假文字。譬如雨水，不從天有，元是龍能興致，令一切眾生、一切草木、有情無情，悉皆蒙潤。百川衆流，卻入大海，合為一體。衆生本性般若之智，亦復如是。

「善知識！小根之人，聞此頓教，猶如草木根性小者，若被大雨，悉皆自倒，不能增長。小根之人，亦復如是。元有般若之智，與大智人更無差別，因何聞法不自開悟？緣邪見障重、煩惱根深。猶如大雲覆蓋於日，不得風吹，日光不現。般若之智亦無大小，為一切衆生自心迷悟不同，迷心外見，修行覓佛。未悟自性，即是小根；若開悟頓教，不能外修，但於自心常起正見，煩惱塵勞常不能染，即是見性。

「善知識！內外不住，去來自由，能除執心，通達無礙。能修此行，與般若經本無差別。善知識！一切修多羅及諸文字，大小二乘，十二部經，皆因人置。因智慧性，方能建立。若無世人，一切萬法本自不有。故知萬法本自人興，一切經書，因人說有。緣其人中有愚有智，愚為小人，智為大人；愚者問於智人，智者與愚人說法，愚人忽然悟解心開，即與智人無別。善知識！不悟，即佛是眾生；一念悟時，眾生是佛。故知萬法盡在自心，何不從自心中，頓見真如本性？《菩薩戒經》云：『我本元自性清淨，若識自心見性，皆成佛道。』《淨名經》云：『即時豁然，還得本心。』

「善知識！我於忍和尚處，一聞言下便悟，頓見真如本性。是以將此教法流行，令學道者頓悟菩提。各自觀心，自見本性。若自不悟，須覓大善知識、解最上乘法者，直示正路。是善知識有大因緣，所謂化導令得見性，一切善法因善知識能發起故。三世諸佛、十二部經，在人性中本自具有。不能自悟，須求善知識指示方見；若自悟者，不假外求。若一向執謂須他善知識方得解脫者，無有是處。何以故？自心內有知識自悟。若起邪迷、妄念顛倒，外善知識雖有教授，救不可得。若起正真般若觀照，一剎那間，妄念俱滅。若識自性，一悟即至佛地。善知識！智慧觀照，內外明徹，識自本心。若識本心，即本解脫。若得解脫，即是般若三昧，即是無念。何名無念？若見一切法，心不染著，是為無念。用即遍一切處，亦不著一切處。但淨本心，使六識出六門，於六塵中無染無雜，來去自由，通用無滯，即是般若三昧、自在解脫，名無念行。若百物不思，當令念絕，即是法縛，即名邊見。善知識！悟無念法者，萬法盡通；悟無念法者，見諸佛境界；悟無念法者，至佛地位。

「善知識！後代得吾法者，將此頓教法門，於同見同行，發願受持，如事佛故，終身而不退者，定入聖位。然須傳授從上以來默傳分付，不得匿其正法。若不同見同行，在別法中，不得傳付。損彼前人，究竟無益。恐愚人不解，謗此法門，百劫千生，斷佛種性。

「善知識！吾有一無相頌，各須誦取，在家出家，但依此修。若不自修，惟記吾言，亦無有益。聽吾頌曰：

說通及心通，如日處虛空，唯傳見性法，出世破邪宗。
法即無頓漸，迷悟有遲疾，只此見性門，愚人不可悉。
說即雖萬般，合理還歸一，煩惱闇宅中，常須生慧日。
邪來煩惱至，正來煩惱除，邪正俱不用，清淨至無餘。
菩提本自性，起心即是妄，淨心在妄中，但正無三障。
世人若修道，一切盡不妨，常自見己過，與道即相當。
色類自有道，各不相妨惱，離道別覓道，終身不見道。
波波度一生，到頭還自懊，欲得見眞道，行正即是道。

自若無道心，闇行不見道，若眞修道人，不見世間過。
若見他人非，自非卻是左，他非我不非，我非自有過。
但自卻非心，打除煩惱破，憎愛不關心，長伸兩腳臥。
欲擬化他人，自須有方便，勿令彼有疑，即是自性現。
佛法在世間，不離世間覺，離世覓菩提，恰如求兔角。
正見名出世，邪見是世間，邪正盡打卻，菩提性宛然。
此頌是頓教，亦名大法船，迷聞經累劫，悟則剎那間。」

師復曰：「今於大梵寺說此頓教，普願法界衆生，言下見性成佛。」

時，韋使君與官僚道俗，聞師所說，無不省悟。一時作禮，皆歎：「善哉！何期嶺南有佛出世！」

◎疑問第三

一日，韋刺史為師設大會齋。齋訖，刺史請師陞座，同官僚、士庶肅容再拜，問曰：「弟子聞和尚說法，實不可思議。今有少疑，願大慈悲，特為解說。」

師曰：「有疑即問，吾當為說。」

韋公曰：「和尚所說，可不是達磨大師宗旨乎？」

師曰：「是。」

公曰：「弟子聞：達磨初化梁武帝，帝問云：『朕一生造寺度僧、布施設齋，有何功德？』達磨言：『實無功德。』弟子未達此理，願和尚為說。」

師曰：「實無功德。勿疑先聖之言。武帝心邪，不知正法。造寺度僧、布施設齋，名為求福，不可將福便為功德。功德在法身中，不在修福。」

師又曰：「見性是功，平等是德。念念無滯，常見本性，真實妙用，名為功德。內心謙下是功，外行於禮是德。自性建立萬法是功，心體離念是德。不離自性是功，應用無染是德。若覓功德法身，但依此作，是真功德。若修功德之人，心即不輕，常行普敬。心常輕人，吾我不斷，即自無功；自性虛妄不實，即自無德。為吾我自大，常輕一切故。善知識！念念無間是功，心行平直是德。自修性是功，自修身是德。善知識！功德須自性內見，不是布施供養之所求也。是以福德與功德別。武帝不識真理，非我祖師有過。」

刺史又問曰：「弟子常見僧俗念阿彌陀佛，願生西方。請和尚說，得生彼否？願為破疑。」

師言：「使君善聽，惠能與說。世尊在舍衛城中，說西方引化。經文分明，去此不遠。若論相說，里數有十萬八千，即身中十惡八邪，便是說遠。說遠為其下根，說近為其上智。人有兩種，法無兩般。迷悟有殊，見有遲疾。迷人念佛求生於彼，悟人自淨其心。所以佛言：『隨其心淨即佛土淨。』使君東方人，但心淨即無罪。雖西方人，心不淨亦有愆。東方人造罪，念佛求生西方。西方人造罪，念佛求生何國？凡愚不了自性，不識身中淨土，願東願西。悟人在處一般。所以佛言：『隨所住處恒安樂。』使君心地但無不善，西方去此不遙。若懷不善之心，念佛往生難到。今勸善知識，先除十惡即行十萬，後除八邪乃過八千。念念見性，常行平直，到如彈指，便睹彌陀。使君但行十善，何須更願往生？不斷十惡之心，何佛即來迎請？若悟無生頓法，見西方只在剎那。不悟念佛求生，路遙如何得達？惠能與諸人，移西方於剎那間，目前便見。各願見否？」

眾皆頂禮云：「若此處見，何須更願往生？願和尚慈悲，便現西方，普令得見。」

師言：「大眾！世人自色身是城，眼耳鼻舌是門，外有五門，內有意門。心是地，性是王。王居心地上，性在王在，性去王無。性在身心存，性去身心壞。佛向性中作，莫向身外求。自性迷即是衆生，自性覺即是佛。慈悲即是觀音，喜捨名為勢至，能淨即釋迦，平直即彌陀。人我是須彌，貪欲是海水，煩惱是波浪，毒害是惡龍，虛妄是鬼神，塵勞是魚鱉，貪瞋是地獄，愚癡是畜生。善知識！常行十善，天堂便至。除人我，須彌倒；去貪欲，海水竭；煩惱無，波浪滅；毒害除，魚龍絶。自心地上覺性，如來放大光明；外照六門清淨，能破六欲諸天；自性內照，三毒即除；地獄等罪一時銷滅，內外明徹不異西方。不作此修，如何到彼？」

大衆聞說，了然見性，悉皆禮拜，俱歎善哉。唱言：「普願法界衆生，聞者一時悟解。」

師言：「善知識！若欲修行，在家亦得，不由在寺。在家能行，如東方人心善；在寺不修，如西方人心惡。但心清淨，即是自性西方。」

韋公又問：「在家如何修行？願為教授。」

師言：「吾與大眾說無相頌。但依此修，常與吾同處無別；若不依此修，剃髮出家於道何益？頌曰：

心平何勞持戒，行直何用修禪！
恩則孝養父母，義則上下相憐，
讓則尊卑和睦，忍則眾惡無諠，
若能鑽木出火，淤泥定生紅蓮。
苦口的是良藥，逆耳必是忠言。
改過必生智慧，護短心內非賢。

日用常行饒益，成道非由施錢。
菩提只向心覓，何勞向外求玄。
聽說依此修行，西方只在目前。」

師復曰：「善知識！總須依偈修行，見取自性，直成佛道。時不相待，衆人且散，吾歸曹溪。衆若有疑，卻來相問。」

時，刺史、官僚、在會善男信女，各得開悟，信受奉行。

◎定慧第四

師示衆云：「善知識！我此法門，以定慧為本。大衆！勿迷，言定慧別。定慧一體，不是二。定是慧體，慧是定用。即慧之時定在慧，即定之時慧在定。若識此義，即是定慧等學。諸學道人，莫言先定發慧、先慧發定各別。作此見者，法有二相。口說善語，心中不善。空有定慧，定慧不等。若心口俱善、內外一如，定慧即等。自悟修行，不在於諍。若諍先後，即同迷人，不斷勝負，卻增我法，不離四相。善知識！定慧猶如何等？猶如燈光。有燈即光，無燈即闇。燈是光之體，光是燈之用；名雖有二，體本同一。此定慧法，亦復如是。」

師示衆云：「善知識！一行三昧者，於一切處行住坐臥，常行一直心是也。《淨名》云：『直心是道場，直心是淨土。』莫心行諂曲，口但說直，口說一行三昧，不行直心。但行直心，於一切法勿有執著。迷人著法相，執一行三昧，直言：『常坐不動，妄不起心，即是一行三昧。』作此解者，即同無情，卻是障道因緣。善知識！道須通流，何以卻滯？心不住法，道即通流；心若住法，名為自縛。若言常坐不動是，只如舍利弗宴坐林中，卻被維摩詰訶。善知識！又有人教坐，看心觀靜，不動不起，從此置功。迷人不會，便執成顛。如此者衆，如是相教，故知大錯。」

師示衆云：「善知識！本來正教，無有頓漸，人性自有利鈍。迷人漸修，悟人頓契。自識本心，自見本性，即無差別，所以立頓漸之假名。善知識！我此法門，從上以來，先立無念為宗，無相為體，無住為本。無相者，於相而離相。無念者，於念而無念。無住者，人之本性。於世間善惡好醜，乃至冤之與親，言語觸刺欺爭之時，並將為空，不思酬害，念念之中不思前境。若前念今念後念，念念相續不斷，名為繫縛。於諸法上念念不住，即無縛也。此是以無住為本。善知識！外離一切相，名為無相。能離於相，即法體清淨。此是以無相為體。善知識！於諸境上，心不染，曰無念。於自念上，常離諸境，不於境上生心。若只百物不思，念盡除卻，一念絕即死，別處受生，是為大錯。學道者思之！若不識法意，自錯猶可，更誤他人；自迷不見，又謗佛經，所以立無念為宗。善知識！云何立無念為宗？只緣口說見性，迷人於境上有念，念上便起邪見，一切塵勞妄想從此而生。自性本無一法可得，若有所得，妄說禍福，即是塵勞邪見，故此法門立無念為宗。

「善知識！無者，無何事？念者，念何物？無者，無二相，無諸塵勞之心。念者，念真如本性。真如即是念之體，念即是真如之用。真如自性起念，非眼耳鼻舌能念。真如有性，所以起念；真如若無，眼耳色聲當時即壞。善知識！真如自性起念，六根雖有見聞覺知，不染萬境，而真性常自在。故經云：『能善分別諸法相，於第一義而不動。』」

◎坐禪第五

師示眾云：「此門坐禪，元不著心，亦不著淨，亦不是不動。若言著心，心元是妄，知心如幻，故無所著也。若言著淨，人性本淨，由妄念故，蓋覆真如，但無妄想，性自清淨。起心著淨，卻生淨妄。妄無處所，著者是妄。淨無形相，卻立淨相，言是工夫，作此見者，障自本性，卻被淨縛。善知識！若修不動者，但見一切人時，不見人之是非善惡過患，即是自性不動。善知識！迷人身雖不動，開口便說他人是非、長短、好惡，與道違背。若著心著淨，即障道也。」

師示眾云：「善知識！何名坐禪？此法門中，無障無礙，外於一切善惡境界，心念不起，名為坐；內見自性不動，名為禪。善知識！何名禪定？外離相為禪，內不亂為定。外若著相，內心即亂；外若離相，心即不亂。本性自淨自定，只為見境、思境即亂。若見諸境心不亂者，是真定也。善知識！外離相即禪，內不亂即定。外禪內定，是為禪定。《菩薩戒經》云：『我本元自性清淨。』善知識！於念念中，自見本性清淨，自修自行，自成佛道。」

◎懺悔第六

時，大師見廣韶洎四方士庶，駢集山中聽法，於是陞座，告眾曰：「來，諸善知識！此事須從自事中起，於一切時，念念自淨其心。自修自行，見自己法身，見自心佛，自度自戒，始得不假到此。既從遠來，一會于此，皆共有緣。今可各各胡跪，先為傳自性五分法身香，次授無相懺悔。」眾胡跪。

師曰：「一、戒香。即自心中無非無惡、無嫉妒、無貪瞋、無劫害，名戒香。二、定香。即睹諸善惡境相，自心不亂，名定香。三、慧香。自心無礙，常以智慧觀照自性，不造諸惡，雖修衆善，心不執著，敬上念下，矜恤孤貧，名慧香。四、解脫香。即自心無所攀緣，不思善、不思惡，自在無礙，名解脫香。五、解脫知見香。自心既無所攀緣善惡，不可沈空守寂，即須廣學多聞，識自本心，達諸佛理，和光接物，無我無人，直至菩提，真性不易，名解脫知見香。善知識！此香各自內熏，莫向外覓。今與汝等授無相懺悔，滅三世罪，令得三業清淨。

「善知識！各隨我語，一時道：『弟子等，從前念、今念及後念，念念不被愚迷染。從前所有惡業、愚迷等罪，悉皆懺悔，願一時銷滅，永不復起。弟子等，從前念、今念及後念，念念不被憍誑染。從前所有惡業、憍誑等罪，悉皆懺悔，願一時銷滅，永不復起。弟子等，從前念、今念及後念，念念不被嫉妒染。從前所有惡業、嫉妒等罪，悉皆懺悔，願一時銷滅，永不復起。』善知識！已上是為無相懺悔。

「云何名懺？云何名悔？懺者，懺其前愆，從前所有惡業，愚迷、憍誑、嫉妒等罪，悉皆盡懺，永不復起，是名為懺。悔者，悔其後過，從今以後，所有惡業，愚迷、憍誑、嫉妒等罪，今已覺悟，悉皆永斷，更不復作，是名為悔。故稱懺悔。凡夫愚迷，只知懺其前愆，不知悔其後過。以不悔故，前愆不滅，後過又生。前愆既不滅，後過復又生，何名懺悔？

「善知識！既懺悔已，與善知識發四弘誓願，各須用心正聽：『自心眾生無邊誓願度！自心煩惱無邊誓願斷！自性法門無盡誓願學！自性無上佛道誓願成！』善知識！大家豈不道：『眾生無邊誓願度？恁麼道，且不是惠能度？』善知識！心中眾生，所謂邪迷心、誑妄心、不善心、嫉妒心、惡毒心，如是等心，盡是眾生。各須自性自度，是名真度。何名自性自度？即自心中邪見、煩惱、愚癡眾生，將正見度。既有正見，使般若智打破愚癡迷妄眾生，各各自度。邪來正度，迷來悟度，愚來智度，惡來善度；如是度者，名為真度。

「又，『煩惱無邊誓願斷』，將自性般若智，除卻虛妄思想心是也。又，『法門無盡誓願學』，須自見性，常行正法，是名真學。又，『無上佛道誓願成』，既常能下心，行於真正，離迷離覺，常生般若，除真除妄，即見佛性，即言下佛道成。常念修行，是願力法。

「善知識！今發四弘願了，更與善知識授無相三歸依戒。善知識！歸依覺，兩足尊。歸依正，離欲尊。歸依淨，眾中尊。從今日去，稱覺為師，更不歸依邪魔外道，以自性三寶常自證明，勸善知識歸依自性三寶。佛者，覺也。法者，正也。僧者，淨也。自心歸依覺，邪迷不生，少欲知足，能離財色，名兩足尊。自心歸依正，念念無邪見，以無邪見故，即無人我貢高，貪愛執著，名離欲尊。自心歸依淨，一切塵勞愛欲境界，自性皆不染著，名衆中尊。

「若修此行，是自歸依。凡夫不會，從日至夜受三歸戒。若言歸依佛，佛在何處？若不見佛，憑何所歸？言卻成妄。善知識！各自觀察，莫錯用心。經文分明言：『自歸依佛，不言歸依他佛。』自佛不歸，無所依處。今既自悟，各須歸依自心三寶，內調心性，外敬他人，是自歸依也。

「善知識！既歸依自三寶竟，各各志心，吾與說一體三身自性佛，令汝等見三身了然，自悟自性。總隨我道：『於自色身，歸依清淨法身佛。於自色身，歸依圓滿報身佛。於自色身，歸依千百億化身佛。』善知識！色身是舍宅，不可言歸。向者三身佛，在自性中，世人總有；為自心迷，不見內性，外覓三身如來，不見自身中有三身佛。汝等聽說，令汝等於自身中，見自性有三身佛。此三身佛，從自性生，不從外得。

「何名清淨法身佛？世人性本清淨，萬法從自性生。思量一切惡事，即生惡行；思量一切善事，即生善行。

如是諸法在自性中，如天常清，日月常明，為浮雲蓋覆，上明下暗。忽遇風吹雲散，上下俱明，萬象皆現。世人性常浮游，如彼天雲。善知識！智如日，慧如月，智慧常明。於外著境，被妄念浮雲蓋覆自性，不得明朗。若遇善知識，聞真正法，自除迷妄，內外明徹，於自性中萬法皆現。見性之人，亦復如是，此名清淨法身佛。善知識！自心歸依自性，是歸依真佛。自歸依者，除卻自性中不善心、嫉妒心、諂曲心、吾我心、誑妄心、輕人心、慢他心、邪見心、貢高心，及一切時中不善之行，常自見己過，不說他人好惡，是自歸依。常須下心，普行恭敬，即是見性通達，更無滯礙，是自歸依。

「何名圓滿報身？譬如一燈能除千年闇，一智能滅萬年愚。莫思向前，已過不可得；常思於後，念念圓明，自見本性。善惡雖殊，本性無二；無二之性，名為實性。於實性中不染善惡，此名圓滿報身佛。自性起一念惡，滅萬劫善因；自性起一念善，得恒沙惡盡。直至無上菩提，念念自見，不失本念，名為報身。

「何名千百億化身？若不思萬法，性本如空，一念思量，名為變化。思量惡事，化為地獄；思量善事，化為天堂。毒害化為龍蛇，慈悲化為菩薩，智慧化為上界，愚癡化為下方。自性變化甚多，迷人不能省覺，念念起惡，常行惡道。迴一念善，智慧即生，此名自性化身佛。

「善知識！法身本具，念念自性自見，即是報身佛。從報身思量，即是化身佛。自悟自修自性功德，是真歸依。皮肉是色身，色身是舍宅，不言歸依也。但悟自性三身，即識自性佛。吾有一無相頌，若能師持，言下令汝積劫迷罪，一時銷滅。頌曰：

迷人修福不修道，只言修福便是道，
布施供養福無邊，心中三惡元來造。
擬將修福欲滅罪，後世得福罪還在，
但向心中除罪緣，名自性中眞懺悔。
忽悟大乘眞懺悔，除邪行正即無罪，

學道常於自性觀，即與諸佛同一類。
吾祖惟傳此頓法，普願見性同一體，
若欲當來覓法身，離諸法相心中洗。
努力自見莫悠悠，後念忽絕一世休，
若悟大乘得見性，虔恭合掌至心求。」

師言：「善知識！總須誦取，依此修行。言下見性，雖去吾千里，如常在吾邊；於此言下不悟，即對面千里，何勤遠來？珍重，好去。」

一衆聞法，靡不開悟，歡喜奉行。

◎機緣第七

師自黃梅得法，回至韶州曹侯村，人無知者。（他本云，師去時，至曹侯村，住九月餘。然師自言：「不經三十餘日便至黃梅。」此求道之切，豈有逗留？作去時者非是。）有儒士劉志略，禮遇甚厚。志略有姑為尼，名無盡藏，常誦《大涅槃經》。師暫聽，即知妙義，遂為解說。尼乃執卷問字，師曰：「字即不識，義即請問。」

尼曰：「字尚不識，焉能會義？」

師曰：「諸佛妙理，非關文字。」

尼驚異之，遍告里中耆德云：「此是有道之士，宜請供養。」

有魏（魏一作晉）武侯玄孫曹叔良及居民，競來瞻禮。時，寶林古寺，自隋末兵火已廢，遂於故基重建梵宇，延師居之。俄成寶坊，師住九月餘日，又為惡黨尋逐，師乃遯于前山。被其縱火焚草木，師隱身挨入石中得免。石今有師趺坐膝痕，及衣布之紋，因名避難石。師憶五祖懷會止藏之囑，遂行隱于二邑焉。

○

僧法海，韶州曲江人也。初參祖師，問曰：「即心即佛，願垂指諭。」

師曰：「前念不生即心，後念不滅即佛；成一切相即心，離一切相即佛。吾若具說，窮劫不盡。聽吾偈曰：

即心名慧，即佛乃定，定慧等持，意中清淨。
悟此法門，由汝習性，用本無生，雙修是正。」

法海言下大悟，以偈讚曰：

「即心元是佛，不悟而自屈，我知定慧因，雙修離諸物。」

○

僧法達，洪州人，七歲出家，常誦《法華經》。來禮祖師，頭不至地。師訶曰：「禮不投地，何如不禮？汝心中必有一物。蘊習何事耶？」

曰：「念《法華經》已及三千部。」

師曰：「汝若念至萬部，得其經意，不以為勝，則與吾偕行。汝今負此事業，都不知過。聽吾偈曰：

禮本折慢幢，　頭奚不至地？
有我罪即生，　亡功福無比。」

師又曰：「汝名什麼？」

曰：「法達。」

師曰：「汝名法達，何曾達法？」復說偈曰：

「汝今名法達，　勤誦未休歇，
空誦但循聲，　明心號菩薩。
汝今有緣故，　吾今爲汝說，
但信佛無言，　蓮華從口發。」

達聞偈，悔謝曰：「而今而後，當謙恭一切。弟子誦《法華經》，未解經義，心常有疑。和尚智慧廣大，願略說經中義理。」

師曰：「法達！法即甚達，汝心不達。經本無疑，汝心自疑。汝念此經，以何為宗？」

達曰：「學人根性闇鈍，從來但依文誦念，豈知宗趣？」

師曰：「吾不識文字，汝試取經誦一遍，吾當為汝解說。」

法達即高聲念經，至《譬喻品》，師曰：「止！此經元來以因緣出世為宗，縱說多種譬喻，亦無越於此。何者因緣？經云：『諸佛世尊，唯以一大事因緣出現於世。』一大事者，佛之知見也。世人外迷著相，內迷著空；若能於相離相、於空離空，即是內外不迷。若悟此法，一念心開，是為開佛知見。

「佛，猶覺也。分為四門，開覺知見、示覺知見、悟覺知見、入覺知見。若聞開示，便能悟入，即覺知見，本來真性而得出現。汝慎勿錯解經意，見他道：『開示悟入，自是佛之知見。我輩無分。』若作此解，乃是謗經毀佛也。彼既是佛，已具知見，何用更開？汝今當信，佛知見者，只汝自心，更無別佛。

「蓋為一切衆生，自蔽光明，貪愛塵境，外緣內擾，甘受驅馳。便勞他世尊，從三昧起，種種苦口，勸令寢息，莫向外求，與佛無二，故云：『開佛知見。』吾亦勸一切人，於自心中，常開佛之知見。世人心邪，愚迷造罪，口善心惡，貪瞋嫉妒，諂佞我慢，侵人害物，自開衆生知見。若能正心，常生智慧，觀照自心，止惡行善，是自開佛之知見。汝須念念開佛知見，勿開衆生知見。開佛知見，即是出世；開衆生知見，即是世間。汝若但勞勞執念，以為功課者，何異犛牛愛尾。」

達曰：「若然者，但得解義，不勞誦經耶？」

師曰：「經有何過，豈障汝念？只為迷悟在人，損益由己。口誦心行，即是轉經；口誦心不行，即是被經轉。聽吾偈曰：

心迷法華轉，　心悟轉法華，　誦經久不明，　與義作讎家。
無念念即正，　有念念成邪，　有無俱不計，　長御白牛車。」

達聞偈，不覺悲泣，言下大悟，而告師曰：「法達從昔已來，實未曾轉法華，乃被法華轉。」再啓曰：「經云：『諸大聲聞乃至菩薩，皆盡思共度量，不能測佛智。』今令凡夫但悟自心，便名佛之知見。自非上根，未免疑謗。又經說三車——羊鹿牛車與白牛之車——如何區別？願和尚再垂開示。」

師曰：「經意分明，汝自迷背。諸三乘人，不能測佛智者，患在度量也。饒伊盡思共推，轉加懸遠。佛本為凡夫說，不為佛說。此理若不肯信者，從他退席。殊不知，坐卻白牛車，更於門外覓三車。況經文明向汝道：『唯一佛乘，無有餘乘若二若三。』乃至無數方便，種種因緣譬喻言詞，是法皆為一佛乘故。汝何不省，三車是假，為昔時故；一乘是實，為今時故。只教汝去假歸實，歸實之後，實亦無名。應知所有珍財，盡屬於汝，由汝受用，更不作父想，亦不作子想，亦無用想。是名持《法華經》，從劫至劫，手不釋卷，從晝至夜，無不念時也。」

達蒙啓發，踊躍歡喜，以偈讚曰：

「經誦三千部，曹溪一句亡，未明出世旨，寧歇累生狂。
羊鹿牛權設，初中後善揚，誰知火宅內，元是法中王。」

師曰：「汝今後方可名念經僧也。」達從此領玄旨，亦不輟誦經。

○僧智通，壽州安豐人。初看《楞伽經》約千餘遍而不會三身四智，禮師求解其義。師曰：「三身者，清淨法身，汝之性也；圓滿報身，汝之智也；千百億化身，汝之行也。若離本性，別說三身，即名有身無智；若悟三身無有自性，即明四智菩提。聽吾偈曰：

自性具三身，　發明成四智，　不離見聞緣，　超然登佛地。
吾今爲汝說，　諦信永無迷，　莫學馳求者，　終日說菩提。」

通再啓曰：「四智之義，可得聞乎？」

師曰：「既會三身，便明四智。何更問耶？若離三身，別談四智，此名有智無身。即此有智，還成無智。」復說偈曰：

「大圓鏡智性清淨，　平等性智心無病，
妙觀察智見非功，　成所作智同圓鏡。
五八六七果因轉，　但用名言無實性，
若於轉處不留情，　繁興永處那伽定。」

如上轉識為智也。教中云：轉前五識為成所作智，轉第六識為妙觀察智，轉第七識為平等性智，轉第八識為大圓鏡智。雖六七因中轉，五八果上轉，但轉其名而不轉其體也。

通頓悟性智，遂呈偈曰：

「三身元我體，　四智本心明，
身智融無礙，　應物任隨形。
起修皆妄動，　守住匪眞精，
妙旨因師曉，　終亡染污名。」

○僧智常，信州貴溪人，髫年出家，志求見性。一日參禮，師問曰：「汝從何來？欲求何事？」曰：「學人近往洪州白峰山禮大通和尚，蒙示見性成佛之義。未決狐疑，遠來投禮，伏望和尚慈悲指示。」師曰：「彼有何言句？汝試舉看。」曰：「智常到彼，凡經三月，未蒙示誨。為法切故，一夕獨入丈室，請問：『如何是某甲本心本性？』大通乃曰：『汝見虛空否？』對曰：『見。』彼曰：『汝見虛空有相貌否？』對曰：『虛空無形，有何相貌？』彼曰：『汝之本性，猶如虛空，了無一物可見，是名正見；無一物可知，是名真知。無有青黃長短，但見本源清淨，覺體圓明，即名見性成佛，亦名如來知見。』學人雖聞此說，猶未決了，乞和尚開示。」

師曰：「彼師所說，猶存見知，故令汝未了。吾今示汝一偈：

不見一法存無見，　大似浮雲遮日面，
不知一法守空知，　還如太虛生閃電。
此之知見瞥然興，　錯認何曾解方便，
汝當一念自知非，　自己靈光常顯現。」

常聞偈已，心意豁然。乃述偈曰：

「無端起知見，　著相求菩提，　情存一念悟，　寧越昔時迷。
自性覺源體，　隨照枉遷流，　不入祖師室，　茫然趣兩頭。」

○智常一日問師曰：「佛說三乘法，又言最上乘。弟子未解，願為教授。」

師曰：「汝觀自本心，莫著外法相。法無四乘，人心自有等差。見聞轉誦是小乘；悟法解義是中乘；依法修行是大乘；萬法盡通，萬法俱備，一切不染，離諸法相，一無所得，名最上乘。乘是行義，不在口爭。汝須自修，莫問吾也。一切時中，自性自如。」常禮謝執侍，終師之世。

○僧志道，廣州南海人也。請益曰：「學人自出家，覽

《涅槃經》十載有餘，未明大意，願和尚垂誨。」

師曰：「汝何處未明？」

曰：「諸行無常，是生滅法；生滅滅已，寂滅為樂。於此疑惑。」

師曰：「汝作麼生疑？」

曰：「一切眾生皆有二身，謂色身、法身也。色身無常，有生有滅；法身有常，無知無覺。經云：『生滅滅已，寂滅為樂』者，不審何身寂滅？何身受樂？若色身者，色身滅時，四大分散，全然是苦，苦不可言樂。若法身寂滅，即同草木瓦石，誰當受樂？又法性是生滅之體，五蘊是生滅之用，一體五用，生滅是常。生則從體起用，滅則攝用歸體。若聽更生，即有情之類，不斷不滅；若不聽更生，則永歸寂滅，同於無情之物。如是，則一切諸法被涅槃之所禁伏，尚不得生，何樂之有？」

師曰：「汝是釋子，何習外道斷常邪見，而議最上乘法？據汝所說，即色身外別有法身，離生滅求於寂滅。又推涅槃常樂，言有身受用。斯乃執吝生死，耽著世樂。汝今當知，佛為一切迷人，認五蘊和合為自體相，分別一切法為外塵相，好生惡死，念念遷流，不知夢幻虛假，枉受輪迴，以常樂涅槃翻為苦相，終日馳求。佛愍此故，乃示涅槃真樂。剎那無有生相，剎那無有滅相，更無生滅可滅，是則寂滅現前。當現前時，亦無現前之量，乃謂常樂。此樂無有受者，亦無不受者，豈有一體五用之名？何況更言涅槃禁伏諸法，令永不生。斯乃謗佛毀法。聽吾偈曰：

無上大涅槃，圓明常寂照，凡愚謂之死，外道執爲斷。
諸求二乘人，目以爲無作，盡屬情所計，六十二見本。
妄立虛假名，何爲眞實義，惟有過量人，通達無取捨。
以知五蘊法，及以蘊中我，外現衆色象，一一音聲相。
平等如夢幻，不起凡聖見，不作涅槃解，二邊三際斷。
常應諸根用，而不起用想，分別一切法，不起分別想。
劫火燒海底，風鼓山相擊，眞常寂滅樂，涅槃相如是。
吾今彊言說，令汝捨邪見，汝勿隨言解，許汝知少分。」

志道聞偈大悟，踊躍作禮而退。

○行思禪師，生吉州安城劉氏。聞曹溪法席盛化，徑來參禮，遂問曰：「當何所務，即不落階級？」

師曰：「汝曾作什麼來？」

曰：「聖諦亦不為。」

師曰：「落何階級？」

曰：「聖諦尚不為，何階級之有？」

師深器之，令思首衆。一日，師謂曰：「汝當分化一方，無令斷絕。」思既得法，遂回吉州青原山，弘法紹化（諡弘濟禪師）。

○懷讓禪師，金州杜氏子也。初謁嵩山安國師，安發之曹溪參扣。讓至禮拜，師曰：「甚處來？」

曰：「嵩山。」

師曰：「什麼物？恁麼來？」

曰：「説似一物即不中。」

師曰：「還可修證否？」

曰：「修證即不無，污染即不得。」

師曰：「只此不污染，諸佛之所護念。汝既如是，吾亦如是。西天般若多羅讖，汝足下出一馬駒，踏殺天下人。應在汝心，不須速説（一本無「西天」以下二十七字）。」讓豁然契會，遂執侍左右一十五載，日臻玄奧。後往南嶽，大闡禪宗（敕諡大慧禪師）。

○

永嘉玄覺禪師，溫州戴氏子。少習經論，精天台止觀法門，因看《維摩經》發明心地。偶，師弟子玄策相訪，與其劇談，出言暗合諸祖。

策云：「仁者得法師誰？」

曰：「我聽方等經論，各有師承。後於《維摩經》悟佛心宗，未有證明者。」

策云：「威音王已前即得，威音王已後，無師自悟，盡是天然外道。」

曰：「願仁者為我證據。」
策云：「我言輕。曹溪有六祖大師，四方雲集，並是受法者。若去，則與偕行。」
覺遂同策來參，繞師三匝，振錫而立。
師曰：「夫沙門者，具三千威儀、八萬細行。大德自何方而來，生大我慢？」
覺曰：「生死事大，無常迅速。」
師曰：「何不體取無生，了無速乎？」
曰：「體即無生，了本無速。」
師曰：「如是，如是！」
玄覺方具威儀禮拜，須臾告辭。師曰：「返太速乎？」
曰：「本自非動，豈有速耶？」

師曰：「誰知非動？」
曰：「仁者自生分別。」
師曰：「汝甚得無生之意。」
曰：「無生豈有意耶？」
師曰：「無意，誰當分別？」
曰：「分別亦非意。」
師曰：「善哉！少留一宿。」
時謂一宿覺。後著《證道歌》，盛行于世。諡曰無相大師，時稱為真覺焉。

○禪者智隍，初參五祖，自謂已得正受，菴居長坐積二十年。師弟子玄策，游方至河朔，聞隍之名，造菴問云：「汝在此作什麼？」
隍曰：「入定。」
策云：「汝云入定，為有心入耶？無心入耶？若無心入者，一切無情草木瓦石，應合得定；若有心入者，一切有情含識之流，亦應得定。」
隍曰：「我正入定時，不見有有無之心。」
策云：「不見有有無之心，即是常定，何有出入？若有出入，即非大定。」
隍無對，良久，問曰：「師嗣誰耶？」
策云：「我師曹溪六祖。」
隍云：「六祖以何為禪定？」
策云：「我師所說，妙湛圓寂，體用如如。五陰本空，六塵非有，不出不入，不定不亂。禪性無住，離住禪寂；禪性無生，離生禪想。心如虛空，亦無虛空之量。」

隍聞是說，徑來謁師。師問云：「仁者何來？」

隍具述前緣。師云：「誠如所言。汝但心如虛空，不著空見，應用無礙，動靜無心，凡聖情忘，能所俱泯，性相如如，無不定時也。」（一本無「汝但」以下三十五字。止云：師憫其遠來，遂垂開決。）

隍於是大悟，二十年所得心，都無影響。其夜河北士庶，聞空中有聲云：「隍禪師今日得道。」隍後禮辭，復歸河北，開化四衆。

○一僧問師云：「黃梅意旨，甚麼人得？」
師云：「會佛法人得。」
僧云：「和尚還得否？」
師云：「我不會佛法。」

○師一日欲濯所授之衣而無美泉，因至寺後五里許，見山林鬱茂，瑞氣盤旋。師振錫卓地，泉應手而出，積以為池，乃跪膝浣衣石上。忽有一僧來禮拜，云：「方辯是西蜀人，昨於南天竺國，見達磨大師，囑方辯速往唐土：『吾傳大迦葉正法眼藏及僧伽梨，見傳六代於韶州曹溪，汝去瞻禮。』方辯遠來，願見我師傳來衣鉢。」師乃出示，次問：「上人攻何事業？」曰：「善塑。」師正色曰：「汝試塑看。」辯罔措。過數日，塑就真相，可高七寸，曲盡其妙。師笑曰：「汝只解塑性，不解佛性。」師舒手摩方辯頂，曰：「永為人天福田。」師仍以衣酬之。辯取衣分為三，一披塑像，一自留，一用椶裹瘞地中。誓曰：「後得此衣，乃吾出世，住持於此，重建殿宇。」宋嘉祐八年，有僧惟先，修殿掘地，得衣如新。像在高泉寺，祈禱輒應。

○有僧舉臥輪禪師偈曰：

「臥輪有伎倆，　能斷百思想，
對境心不起，　菩提日日長。」

師聞之，曰：「此偈未明心地，若依而行之，是加繫縛。」因示一偈曰：

「惠能沒伎倆，　不斷百思想，
對境心數起，　菩提作麼長。」

◎頓漸第八

時，祖師居曹溪寶林，神秀大師在荊南玉泉寺。于時兩宗盛化，人皆稱南能北秀，故有南北二宗頓漸之分，而學者莫知宗趣。

師謂衆曰：「法本一宗，人有南北。法即一種，見有遲疾。何名頓漸？法無頓漸，人有利鈍，故名頓漸。」然，秀之徒衆，往往譏南宗祖師，不識一字，有何所長？秀曰：「他得無師之智，深悟上乘。吾不如也。且吾師五祖，親傳衣法。豈徒然哉！吾恨不能遠去親近，虛受國恩。汝等諸人，毋滯於此，可往曹溪參決。」一日，命門人志誠曰：「汝聰明多智，可為吾到曹溪聽法。若有所聞，盡心記取，還為吾說。」
志誠禀命至曹溪，隨衆參請，不言來處。時，祖師告衆曰：「今有盜法之人，潛在此會。」
志誠即出禮拜，具陳其事。
師曰：「汝從玉泉來，應是細作。」
對曰：「不是。」
師曰：「何得不是？」
對曰：「未說即是，說了不是。」
師曰：「汝師若為示衆？」
對曰：「常指誨大衆，住心觀靜，長坐不臥。」
師曰：「住心觀靜，是病非禪；長坐拘身，於理何益？

聽吾偈曰：

生來坐不臥，　死去臥不坐，一具臭骨頭，　何爲立功課？」

志誠再拜曰：「弟子在秀大師處學道九年，不得契悟。今聞和尚一說，便契本心。弟子生死事大，和尚大慈，更為教示。」

師云：「吾聞汝師教示學人戒定慧法，未審汝師說戒定慧行相如何？與吾說看。」

誠曰：「秀大師說，諸惡莫作名為戒，諸善奉行名為慧，自淨其意名為定。彼說如此，未審和尚以何法誨人？」師曰：「吾若言有法與人，即為誑汝。但且隨方解縛，假名三昧。如汝師所說戒定慧，實不可思議。吾所見戒定慧又別。」

志誠曰：「戒定慧只合一種，如何更別？」

師曰：「汝師戒定慧接大乘人，吾戒定慧接最上乘人。悟解不同，見有遲疾。汝聽吾說，與彼同否？吾所說法，不離自性。離體說法，名為相說，自性常迷。須知一切萬法，皆從自性起用，是真戒定慧法。聽吾偈曰：

心地無非自性戒，　　心地無癡自性慧，
心地無亂自性定，　　不增不減自金剛，
身去身來本三昧。」

誠聞偈，悔謝，乃呈一偈曰：

「五蘊幻身，　幻何究竟？　迴趣眞如，　法還不淨。」

師然之，復語誠曰：「汝師戒定慧，勸小根智人；吾戒定慧，勸大根智人。若悟自性，亦不立菩提涅槃，亦不立解脱知見。無一法可得，方能建立萬法。若解此意，亦名佛身，亦名菩提涅槃，亦名解脱知見。見性之人，立亦得，不立亦得，去來自由，無滯無礙，應用隨作，應語隨答，普見化身，不離自性，即得自在神通游戲三昧，是名見性。」

志誠再啓師曰：「如何是不立義？」

師曰：「自性無非、無癡、無亂，念念般若觀照，常離法相，自由自在，縱橫盡得，有何可立？自性自悟，頓悟頓修，亦無漸次，所以不立一切法。諸法寂滅，有何次第？」

志誠禮拜，願為執侍，朝夕不懈。誠吉州太和人也。

○僧志徹，江西人，本姓張，名行昌，少任俠。自南北分化，二宗主雖亡彼我，而徒侶競起愛憎。時北宗門人，自立秀師為第六祖，而忌祖師傳衣為天下聞，乃囑行昌來刺師。師心通，預知其事，即置金十兩於座間。

時，夜暮，行昌入祖室，將欲加害。師舒頸就之，行昌揮刃者三，悉無所損。師曰：「正劍不邪，邪劍不正。只負汝金，不負汝命。」

行昌驚仆，久而方蘇，求哀悔過，即願出家。師遂與金，言：「汝且去，恐徒衆翻害於汝。汝可他日易形而來，吾當攝受。」

行昌稟旨宵遁。後投僧出家，具戒精進。一日，憶師之言，遠來禮覲。師曰：「吾久念汝，汝來何晚？」

曰：「昨蒙和尚捨罪，今雖出家苦行，終難報德，其惟傳法度生乎？弟子常覽《涅槃經》，未曉常無常義。乞和尚慈悲，略為解說。」

師曰：「無常者，即佛性也。有常者，即一切善惡諸法分別心也。」
曰：「和尚所説，大違經文。」
師曰：「吾傳佛心印，安敢違於佛經？」
曰：「經説佛性是常，和尚卻言無常。善惡之法乃至菩提心皆是無常，和尚卻言是常。此即相違，令學人轉加疑惑。」
師曰：「《涅槃經》吾昔聽尼無盡藏讀誦一遍，便為講説，無一字一義不合經文。乃至為汝，終無二説。」
曰：「學人識量淺昧，願和尚委曲開示。」
師曰：「汝知否？佛性若常，更説什麼善惡諸法，乃至窮劫無有一人發菩提心者？故吾説無常，正是佛説真常之道也。又，一切諸法若無常者，即物物皆有自性，容受生死，而真常性有不遍之處。故吾說常者，正是佛說真無常義。佛比為凡夫、外道執於邪常，諸二乘人於常計無常，共成八倒，故於《涅槃》了義教中，破彼偏見，而顯說真常、真樂、真我、真淨。汝今依言背義，以斷滅無常及確定死常，而錯解佛之圓妙最後微言。縱覽千遍，有何所益？」

行昌忽然大悟，說偈曰：

「因守無常心，佛說有常性，
不知方便者，猶春池拾礫。
我今不施功，佛性而現前，
非師相授與，我亦無所得。」

師曰：「汝今徹也，宜名志徹。」徹禮謝而退。

○有一童子，名神會，襄陽高氏子。年十三，自玉泉來參禮。師曰：「知識遠來艱辛，還將得本來否？若有本則合識主，試說看。」

會曰：「以無住為本，見即是主。」

師曰：「這沙彌爭合取次語？」

會乃問曰：「和尚坐禪，還見不見？」

師以柱杖打三下，云：「吾打汝痛不痛？」

對曰：「亦痛亦不痛。」

師曰：「吾亦見亦不見。」

神會問：「如何是亦見亦不見？」

師云：「吾之所見，常見自心過愆，不見他人是非好惡，是以亦見亦不見。汝言：『亦痛亦不痛』如何？汝若不痛，同其木石；若痛，則同凡夫，即起恚恨。汝向前，見、不見是二邊，痛、不痛是生滅。汝自性且不見，敢爾弄人！」

神會禮拜悔謝。師又曰：「汝若心迷不見，問善知識覓路。汝若心悟，即自見性，依法修行。汝自迷不見自心，卻來問吾見與不見。吾見自知，豈代汝迷？汝若自見，亦不代吾迷。何不自知自見，乃問吾見與不見？」

神會再禮百餘拜，求謝過愆。服勤給侍，不離左右。

一日，師告眾曰：「吾有一物，無頭無尾，無名無字，無背無面。諸人還識否？」

神會出曰：「是諸佛之本源，神會之佛性。」師曰：「向汝道：『無名無字』，汝便喚作本源佛性。汝向去有把茆蓋頭，也只成箇知解宗徒。」祖師滅後，會入京洛，大弘曹溪頓教，著《顯宗記》，盛行于世。是為荷澤禪師。

○師見諸宗難問咸起惡心，多集座下愍而謂曰：「學道之人，一切善念惡念應當盡除。無名可名，名於自性，無二之性，是名實性。於實性上建立一切教門，言下便須自見。」諸人聞說，總皆作禮，請事為師。

◎宣詔第九

神龍元年上元日，則天．中宗詔云：「朕請安、秀二師宮中供養。萬機之暇，每究一乘。二師推讓云：『南方有能禪師，密授忍大師衣法，傳佛心印，可請彼問。』今遣內侍薛簡，馳詔迎請，願師慈念，速赴上京。」

師上表辭疾，願終林麓。

薛簡曰：「京城禪德皆云：『欲得會道，必須坐禪習定。若不因禪定而得解脫者，未之有也。』未審師所說法如何？」

師曰：「道由心悟，豈在坐也。經云：『若言如來若坐若臥，是行邪道。』何故？無所從來，亦無所去。無生無滅，是如來清淨禪。諸法空寂，是如來清淨坐。究竟無證，豈況坐耶。」

簡曰：「弟子回京，主上必問。願師慈悲，指示心要，傳奏兩宮及京城學道者。譬如一燈，然百千燈，冥者皆明，明明無盡。」

師云：「道無明暗，明暗是代謝之義。明明無盡，亦是有盡，相待立名故。《淨名經》云：『法無有比，無相待故。』」

簡曰：「明喻智慧，暗喻煩惱。修道之人，倘不以智慧照破煩惱，無始生死憑何出離？」

師曰：「煩惱即是菩提，無二無別。若以智慧照破煩惱者，此是二乘見解。羊鹿等機，上智大根，悉不如是。」簡曰：「如何是大乘見解？」

師曰：「明與無明，凡夫見二；智者了達，其性無二。無二之性，即是實性。實性者，處凡愚而不減，在賢聖而不增，住煩惱而不亂，居禪定而不寂。不斷不常，不來不去，不在中間及其內外，不生不滅，性相如如，常住不遷，名之曰道。」

簡曰：「師說不生不滅，何異外道？」

師曰：「外道所說不生不滅者，將滅止生，以生顯滅，滅猶不滅，生說不生。我說不生不滅者，本自無生，今亦不滅，所以不同外道。汝若欲知心要，但一切善惡都莫思量，自然得入清淨心體，湛然常寂，妙用恒沙。」

簡蒙指教，豁然大悟。禮辭歸闕，表奏師語。其年九月三日，有詔獎諭師曰：

「師辭老疾，為朕修道，國之福田。師若淨名，托疾毘耶，闡揚大乘，傳諸佛心，談不二法。薛簡傳師指授如來知見，朕積善餘慶，宿種善根，值師出世，頓悟上乘。感荷師恩，頂戴無已，并奉磨衲袈裟及水晶缽，敕韶州刺史修飾寺宇，賜師舊居為國恩寺。」

◎付囑第十

師一日喚門人法海、志誠、法達、神會、智常、智通、志徹、志道、法珍、法如等，曰：「汝等不同餘人，吾滅度後，各為一方師。吾今教汝說法，不失本宗。先須舉三科法門，動用三十六對，出沒即離兩邊。說一切法，莫離自性。忽有人問汝法，出語盡雙，皆取對法，來去相因。究竟二法盡除，更無去處。

「三科法門者，陰、界、入也。陰是五陰：色、受、想、行、識是也。入是十二入：外六塵——色、聲、香、味、觸、法；內六門——眼、耳、鼻、舌、身、意是也。界是十八界：六塵、六門、六識是也。自性能含萬法，名含藏識。若起思量，即是轉識。生六識，出六門，見六塵，如是一十八界，皆從自性起用。自性若邪，起十八邪；自性若正，起十八正。若惡用即衆生用，善用即佛用。用由何等？由自性有，對法外境。無情五對：天與地對、日與月對、明與暗對、陰與陽對、水與火對；此是五對也。法相語言十二對：語與法對、有與無對、有色與無色對、有相與無相對、有漏與無漏對、色與空對、動與靜對、清與濁對、凡與聖對，僧與俗對、老與少對、大與小對；此是十二對也。自性起用十九對：長與短對、邪與正對、癡與慧對、愚與智對、亂與定對、慈與毒對、戒與非對、直與曲對、實與虛對、險與平對、煩惱與菩提對、常與無常對、悲與害對、喜與瞋對、捨與慳對、進與退對、生與滅對、法身與色身對、化身與報身對；此是十九對也。」

師言：「此三十六對法，若解用即道，貫一切經法，出入即離兩邊。自性動用，共人言語，外於相離相，內於空離空。若全著相，即長邪見；若全執空，即長無明。執空之人有謗經，直言不用文字。既云不用文字，人亦不合語言，只此語言，便是文字之相。又云：『直道不立文字。』即此『不立』兩字，亦是文字。見人所說，便即謗他言著文字。汝等須知，自迷猶可，又謗佛經，不要謗經，罪障無數。若著相於外，而作法求真，或廣立道場，說有無之過患，如是之人，累劫不得見性。但聽依法修行，又莫百物不思，而於道性窒礙。若聽說不修，令人反生邪念。但依法修行，無住相法施。汝等若悟，依此說、依此用、依此行、依此作，即不失本宗。若有人問汝義，問有將無對，問無將有對，問凡以聖對，問聖以凡對。二道相因，生中道義。如一問一對，餘問一依此作，即不失理也。設有人問：『何名為闇？』答云：『明是因，闇是緣，明沒即闇。』以明顯闇，以闇顯明，來去相因，成中道義。餘問悉皆如此。汝等於後傳法，依此轉相教授，勿失宗旨。」

師於太極元年壬子，延和七月是年五月改延和，八月玄宗即位方改元先天，次年遂改開元。他本作先天者非。，命門人往新州國恩寺建塔，仍令促工，次年夏末落成。七月一日，集徒衆曰：「吾至八月，欲離世間。汝等有疑，早須相問，為汝破疑，令汝迷盡。吾若去後，無人教汝。」

法海等聞，悉皆涕泣。惟有神會，神情不動，亦無涕泣。師云：「神會小師卻得善不善等，毀譽不動，哀樂不生。餘者不得。數年山中竟修何道？汝今悲泣，為憂阿誰？若憂吾不知去處，吾自知去處。吾若不知去處，終不預報於汝。汝等悲泣，蓋為不知吾去處。若知吾去處，即不合悲泣。法性本無生滅去來，汝等盡坐，吾與汝說一偈，名曰真假動靜偈。汝等誦取此偈，與吾意同，依此修行，不失宗旨。」
眾僧作禮，請師說偈。偈曰：

「一切無有真，不以見於真，若見於真者，是見盡非真。
若能自有真，離假即心真，自心不離假，無真何處真？
有情即解動，無情即不動，若修不動行，同無情不動。
若覓真不動，動上有不動，不動是不動，無情無佛種。
能善分別相，第一義不動，但作如此見，即是真如用。
報諸學道人，努力須用意，莫於大乘門，卻執生死智。
若言下相應，即共論佛義，若實不相應，合掌令歡喜。
此宗本無諍，諍即失道意，執逆諍法門，自性入生死。」

時，徒眾聞說偈已，普皆作禮，並體師意，各各攝心，依法修行，更不敢諍，乃知大師不久住世。法海上座，再拜問曰：「和尚入滅之後，衣法當付何人？」師曰：「吾於大梵寺說法，以至於今抄錄流行，目曰《法寶壇經》。汝等守護，遞相傳授。度諸群生，但依此說，是名正法。今為汝等說法，不付其衣。蓋為汝等信根淳熟，決定無疑，堪任大事。然據先祖達磨大師付授偈意，衣不合傳。偈曰：

吾本來茲土，　傳法救迷情，
一華開五葉，　結果自然成。」

師復曰：「諸善知識！汝等各各淨心，聽吾說法。若欲成就種智，須達一相三昧、一行三昧。若於一切處而不住相，於彼相中不生憎愛，亦無取捨，不念利益成壞等事，安閒恬靜，虛融澹泊，此名一相三昧。若於一切處行住坐臥，純一直心，不動道場，真成淨土，此名一行三昧。若人具二三昧，如地有種，含藏長養，成熟其實。一相一行，亦復如是。我今說法，猶如時雨，普潤大地。汝等佛性，譬諸種子，遇茲霑洽，悉得發生。承吾旨者，決獲菩提。依吾行者，定證妙果。聽吾偈曰：

心地含諸種，　普雨悉皆萌，
頓悟華情已，　菩提果自成。」

師說偈已，曰：「其法無二，其心亦然。其道清淨，亦無諸相，汝等慎勿觀靜及空其心。此心本淨，無可取捨。各自努力，隨緣好去。」

爾時徒衆作禮而退。

大師七月八日忽謂門人曰：「吾欲歸新州，汝等速理舟楫。」

大衆哀留甚堅。師曰：「諸佛出現，猶示涅槃。有來必去，理亦常然。吾此形骸，歸必有所。」

衆曰：「師從此去，早晚可回。」

師曰：「葉落歸根，來時無口。」

又問曰：「正法眼藏，傳付何人？」

師曰：「有道者得，無心者通。」

又問：「後莫有難否？」

師曰：「吾滅後五六年，當有一人來取吾首。聽吾記曰：『頭上養親，口裏須餐，遇滿之難，楊柳為官。』」

又云：「吾去七十年，有二菩薩從東方來，一出家、一在家。同時興化，建立吾宗，締緝伽藍，昌隆法嗣。」

問曰：「未知從上佛祖應現已來，傳授幾代？願垂開示。」

師云：「古佛應世已無數量，不可計也。今以七佛為始，過去莊嚴劫，毘婆尸佛、尸棄佛、毘舍浮佛；今賢劫，拘留孫佛、拘那含牟尼佛、迦葉佛、釋迦文佛。是為七佛。已上七佛，今以釋迦文佛首傳。

「第一摩訶迦葉尊者、第二阿難尊者、第三商那和修尊者、第四優波鞠多尊者、第五提多迦尊者、第六彌遮迦尊者、第七婆須蜜多尊者、第八佛馱難提尊者、第九伏馱蜜多尊者、第十脅尊者、十一富那夜奢尊者、十二馬鳴大士、十三迦毘摩羅尊者、十四龍樹大士、十五迦那提婆尊者、十六羅睺羅多尊者、十七僧伽難提尊者、十八伽耶舍多尊者、十九鳩摩羅多尊者、二十闍耶多尊者、二十一婆修盤頭尊者、二十二摩拏羅尊者、二十三鶴勒那尊者、二十四師子尊者、二十五婆舍斯多尊者、二十六不如蜜多尊者、二十七般若多羅尊者、二十八菩提達磨尊者此土是為初祖、二十九慧可大師、三十僧璨大師、三十一道信大師、三十二弘忍大師。惠能是為三十三祖。從上諸祖，各有稟承。汝等向後，遞代流傳，毋令乖誤。」

大師先天二年癸丑歲八月初三日（是年十二月改元開元），於國恩寺齋罷，謂諸徒眾曰：「汝等各依位坐，吾與汝別。」法海白言：「和尚！留何教法，令後代迷人得見佛性？」師言：「汝等諦聽！後代迷人，若識眾生，即是佛性；若不識眾生，萬劫覓佛難逢。吾今教汝：識自心眾生，見自心佛性；欲求見佛，但識眾生。只為眾生迷佛，非是佛迷眾生。自性若悟，眾生是佛；自性若迷，佛是眾生。自性平等，眾生是佛；自性邪險，佛是衆生。汝等心若險曲，即佛在衆生中；一念平直，即是衆生成佛。我心自有佛，自佛是真佛。自若無佛心，何處求真佛？汝等自心是佛，更莫狐疑。外無一物而能建立，皆是本心生萬種法。故經云：『心生種種法生，心滅種種法滅。』吾今留一偈與汝等別，名自性真佛偈。後代之人，識此偈意，自見本心，自成佛道。偈曰：

眞如自性是眞佛，　邪見三毒是魔王，
邪迷之時魔在舍，　正見之時佛在堂。
性中邪見三毒生，　即是魔王來住舍，
正見自除三毒心，　魔變成佛眞無假。
法身報身及化身，　三身本來是一身，

若向性中能自見，即是成佛菩提因。
本從化身生淨性，淨性常在化身中，
性使化身行正道，當來圓滿眞無窮。
婬性本是淨性因，除婬即是淨性身，
性中各自離五欲，見性剎那即是眞。
今生若遇頓教門，忽悟自性見世尊，
若欲修行覓作佛，不知何處擬求眞？
若能心中自見眞，有眞即是成佛因，
不見自性外覓佛，起心總是大癡人。
頓教法門今已留，救度世人須自修，
報汝當來學道者，不作此見大悠悠。」

師說偈已，告曰：「汝等好住。吾滅度後，莫作世情悲泣雨淚。受人弔問、身著孝服，非吾弟子，亦非正法。但識自本心，見自本性，無動無靜，無生無滅，無去無來，無是無非，無住無往。恐汝等心迷，不會吾意，今再囑汝，令汝見性。吾滅度後，依此修行，如吾在日；若違吾教，縱吾在世，亦無有益。」

復說偈曰：

「兀兀不修善，　騰騰不造惡，　寂寂斷見聞，　蕩蕩心無著。」

師說偈已，端坐至三更，忽謂門人曰：「吾行矣！」奄然遷化。于時異香滿室，白虹屬地，林木變白，禽獸哀鳴。

十一月，廣韶新三郡官僚，洎門人僧俗，爭迎真身，莫決所之，乃焚香禱曰：「香煙指處，師所歸焉。」時，香煙直貫曹溪。十一月十三日，遷神龕併所傳衣鉢而回。次年七月出龕，弟子方辯以香泥上之，門人憶念取首之記，仍以鐵葉漆布固護師頸入塔。忽於塔內白光出現，直上衝天，三日始散。

韶州奏聞，奉敕立碑，紀師道行：

「師春秋七十有六，年二十四傳衣，三十九祝髮，說法利生三十七載，嗣法四十三人，悟道超凡者莫知其數。達磨所傳信衣（西域屈眴布也），中宗賜磨衲寶鉢，及方辯塑師真相并道具，永鎮寶林道場。留傳《壇經》以顯宗旨，興隆三寶，普利群生者。」

般若波羅蜜多心經

唐　三藏法師玄奘譯

本合刊本之《般若波羅蜜多心經》，根據《大正藏》版本校正。

觀自在菩薩，
行深般若波羅蜜多時，照見五蘊皆空，度一切苦厄。
舍利子！
色不異空，空不異色；色即是空，空即是色。
受、想、行、識，亦復如是。
舍利子！
是諸法空相，不生、不滅；不垢、不淨；不增、不減。
是故空中無色，無受、想、行、識；
無眼、耳、鼻、舌、身、意；
無色、聲、香、味、觸、法；
無眼界，乃至無意識界；
無無明，亦無無明盡，乃至無老死，亦無老死盡；

無苦、集、滅、道，無智亦無得。以無所得故，菩提薩埵，依般若波羅蜜多故，心無罣礙。無罣礙故，無有恐怖，遠離顛倒夢想，究竟涅槃。三世諸佛，依般若波羅蜜多故，得阿耨多羅三藐三菩提。故知般若波羅蜜多，是大神咒，是大明咒，是無上咒，是無等等咒，能除一切苦，真實不虛。故說般若波羅蜜多咒，即說咒曰：

揭諦揭諦　波羅揭諦

波羅僧揭諦　菩提薩婆訶

金剛般若波羅蜜經
金剛經解義又名金剛經口訣
六祖大師法寶壇經
般若波羅蜜多心經

標點合刊本

《一隻牡羊的金剛經筆記》贈品

編者：郝明義

www.rexhow.com

美術設計：張士勇

法律顧問：董安丹律師、顧慕堯律師

發行：大塊文化出版股份有限公司

出版者：英屬蓋曼群島商網路與書股份有限公司台灣分公司

台北市105022南京東路四段25號11樓

TEL：886-2-25467799 FAX：886-2-25452951

Email：help@netandbooks.com

http://www.netandbooks.com

初版一刷：2009年2月

二版十刷：2021年9月